国会财税智库丛书

养老保障体系第三支柱的税收问题研究

李旭红　主编

中国财经出版传媒集团
中国财政经济出版社

图书在版编目（CIP）数据

养老保障体系第三支柱的税收问题研究／李旭红主编．--北京：中国财政经济出版社，2020.10
（国会财税智库丛书）
ISBN 978-7-5223-0028-3

Ⅰ.①养… Ⅱ.①李… Ⅲ.①养老-保障体系-税收管理-研究-中国 Ⅳ.①F812.423

中国版本图书馆CIP数据核字（2020）第170382号

责任编辑：谷兴华　　　　责任校对：张　凡
封面设计：思梵星尚

中国财政经济出版社 出版
URL：http：//www.cfeph.cn
E-mail：cfeph@cfeph.cn

社址：北京市海淀区阜成路甲28号　邮政编码：100142
营销中心电话：010-88191537
北京财经印刷厂印刷　各地新华书店经销
710×1000毫米　16开　9.75印张　137 000字
2020年10月第1版　2020年10月北京第1次印刷
定价：46.00元
ISBN 978-7-5223-0028-3
（图书出现印装问题，本社负责调换）
本社质量投诉电话：010-88190744
打击盗版举报热线：010-88191661　QQ：2242791300

编 委 会

主　编：李旭红

编　委：张　蕊　吴雨玲　段小龙　杨　武
刘芳铭　许佳仪　何　瑞　覃韦英璺
白雪苑　陈晶晶　方　超　田芸芸
沈白翎　赵小东　袁超东　寇燕莉
朱建琴　董奕欣

序

财政是国家治理的基础和重要支柱。党的十九大报告指出：“加快建立现代财政制度，建立权责清晰、财力协调、区域均衡的中央和地方财政关系。建立全面规范透明、标准科学、约束有力的预算制度，全面实施绩效管理。深化税收制度改革，健全地方税体系。”因此，加快建立现代财政制度和税收制度已成为迫切的重要任务。

自党的十八大以来，我国积极推进各项税制改革工作，如全面推行营改增试点、完善消费税制度、资源税全面改革、环境保护税立法、房产税改革、个人所得税改革等。在税制改革进入深水区的过程中，遇到了许多新现象、新问题。要想解决这些，需要借鉴国际先进经验以及进行更加广泛的调查研究与探索，因此，我国的财税智库建设工作具有积极的现实意义。

北京国家会计学院是20世纪末在时任国务院总理朱镕基同志的倡导和推动下设立的，作为国家宏观经济及财政、税收等部门的高级人才培养基地，一直承担着重要的宏观经济部门的决策支持工作。在此背景下，我院积极开展财税智库的建设工作。自

2012年以来，先后完成了财政部《OECD消费课税趋势分析》《2016年全国重点税源调查》，国家税务总局《建筑业营改增制度设计与评价》《营改增宏观效应分析》等多项课题的研究工作，并参与了财政部、国家税务总局关于环境保护税、资源税、房产税、关税、印花税等多项重要税制改革的研究。同时，在财政部相关部门的支持下，我院于2016年建设成立了大数据税收实验室，服务于宏观决策部门的税收数据整理、分析及决策工作。

《国会财税智库丛书》是我院对近年来在财税智库建设方面的一次全面工作总结，首批丛书由八本构成，包括环境保护税的研究、中小企业的税收研究、建筑业的营改增制度设计、临空经济税收研究、养老保障体系第三支柱的税收问题研究及“一带一路”的税收研究等多个方面。借助这套《国会财税智库丛书》，一方面希望可以为政府部门、学界、实务界的读者提供更好的借鉴，另一方面也希望社会各界的专家多提宝贵意见，帮助我院的财税智库工作提质升级，更好地服务于国家的财税制度改革工作！

全国政协委员、北京国家会计学院院长

秦荣生

2020年9月

前　言

早在1991年，《国务院关于企业职工养老保险制度改革的决定》（国发〔1991〕33号）便明确提出，随着经济的发展，我国应逐步建立起基本养老保险、企业补充养老保险与职工个人储蓄性养老保险相结合的制度。

经过若干年的改革与实践，我国拟建立的以三大支柱为支撑的养老保障体系已形成初步框架，并建立起以基本养老金、企业年金和全国社会保障基金为主的多层次养老保障体系。然而，目前三大支柱的发展极不均衡，基本养老保险制度“一枝独大”，企业年金和职业年金发展迟滞。不断加剧的人口老龄化趋势使我国养老保险的隐性债务和财务可持续性问题日益凸显，居民晚年收入严重依赖基本养老保险给财政造成巨大的压力，无法适应经济新常态的要求。因此，加快建立我国个人养老金账户制度迫在眉睫。然而，我国的个人养老金账户制度尚处于顶层设计阶段，针对个人养老的政策激励依然缺位，完善相关税收政策有利于促进建立个人养老金账户制度。

本书通过借鉴国际经验，结合中国现有的养老金制度情况，采用规范分析、文献研究和对比分析相结合的研究方法，比较不同的个人养老金账户税收制度模式，对我国构建以个人账户为基础的第三支柱养老金体系进行探讨和研究，分析我国个人养老金制度并提出相关的政策建议。

通过研究，本书认为我国个人养老金账户的税收征管存在以下几个问题：基本养老保险征收主体及征收方式不明确、不规范，征、管、查刚性不足，征管效率低；账户信息共享平台建设不健全，税收征管信息的传递时效性、准确性较差；个税申报体系缺乏系统把握，需要继续完善；个人养老金账户监管的时间跨度大，纳税义务人分布区域广，缴款方式和额度差异较大，给税务机关的税收征管工作带来挑战。

针对我国个人养老金账户整体设计中的不完善之处，本书提出以下建议：应建立适合我国国情的养老金账户；针对养老保障体系第一支柱养老金替代率①和第二支柱覆盖范围有限、难以支撑养老保障体系重担的问题，提出具有针对性的建议；针对我国个人养老金账户税收政策的推行及监管提出兼顾税制改革的要求，对八种不同的税收制度模式进行比较，为我国个人养老金账户的税收模式提出具体建议。

推动个人养老金账户制度的建立和发展，必须加快制度设计的步伐，建立健全个人养老金账户的相关制度体系。同时，个人养老金账户制度的顺利推进，账户的运作过程和税收优惠政策的贯彻实施都需要税收征管提供保障，税收征管政策的制定和实施尤为关键。另外，在从根本上完善三支柱养老金制度的同时，也要严格把关媒体的舆论导向。考虑到个人养老金账户在我国是一种创新产品，实施之前需要妥当部署，以保证试点工作的顺利

① 养老金替代率，是指劳动者退休时的养老金领取水平与退休前工资收入水平之间的比率。

开展。

感谢中国证券投资基金业协会对本课题研究的资助！感谢我院的战略合作伙伴中国财经出版传媒集团中国财政经济出版社的大力支持！

目　录

第1章

我国建立个人养老账户的必要性

1.1 我国养老保险制度的改革历程

我国现行养老保险体系由三个不同层次的养老保险计划组成，即基本养老保险计划、企业补充养老保险计划和个人养老保险计划。由政府主导并负责管理的基本养老保险构成养老保障体系的第一层次或第一支柱（以下简称第一支柱），由政府倡导但由企业自主发展的企业年金（原补充养老保险）构成养老保障体系的第二层次或第二支柱（以下简称第二支柱），团体或个人自愿购买的商业性人寿保险则构成第三层次或第三支柱（以下简称第三支柱）。

我国的养老改革大体上可分为计划经济体制时期、经济体制改革初期以及20世纪90年代至今三个阶段。

1.1.1 计划经济体制下的养老保险制度

新中国成立后，我国建立了计划经济体制，在城镇地区的企业和机关事业单位建立了与之配套的养老保险制度，对国家机关事业单位的多数工作人员实行供给制，其生、老、病、死、伤、残等方面导致的生活困难均由单位出面解决。1950年，《中央级直属机关暂行供给标准》规定的供给项目就包含了老年优待金等养老待遇。实行工资制改革后，国家有关部门陆续为机关事业单位工作人员制定了包括退休、生育、伤亡、病假等保障项目的实施办法。1951 年，中央人民政府政务院正式颁布实施《中华人民共和国劳动保险条例》，开始为企业职工提供包括养老金补助费等养老待遇在内的劳动保险待遇。但与此同时，城镇未就业居民和农村居民均没有被正式的养老制度安排所覆盖，初步形成了养老金“多轨制”的格局。1953 年，中央人民政府政务院修订并实施了《中华人民共和国劳动保险条例》，对国有企业职工的养老等社会保险作了比较详细的规定。企业按月缴纳相当于企业职工工资总额 3% 的保险费，其中 30% 上缴全国总工会，作为劳动保险总基金，70% 存于各企业工会，当时规定的养老金为职工本人工资的 50%—70%。1955 年 12 月，国务院颁布了《国家机关工作人员退休处理暂行办法》《国家机关工作人员退职处理暂行办法》《关于处理国家机关工作人员退职、退休时计算工作年限的暂行规定》等一系列法规，建立了针对机关事业单位工作人员的养老保险制度。机关事业单位工作人员的退休金由国家财政负担，并由人事部门进行管理，与劳动保险制度分开实施。

1958 年，国务院分别颁布《关于工人、职员退休处理的暂行规定》和《关于工人、职员退职处理的暂行规定》，统一了企业职工和国家机关工作人员的退休制度，将国营企业、公私合营企业与国家机关、事业单位、人民团体的工人、职员退休和退职办法合二为一，同时将集体所有制工业企业纳入养老保险制度的实施范围，并放宽了退休和退职条件，适当提高了待遇标准。这两个规定暂时缓解了企业与机关、事业单位退休和退职办法的“多轨制”矛盾，对精简机构、提高生产和工作效率发挥了积极作用。至此，几乎所有的城镇全民所有制企业、机关企事业单位都建立了相应的养老保险制度。

在计划经济体制下，国有企业与国家之间的利润分配关系仍属于“统收统支”模式，养老保险制度反映了国家和城镇职工特有的契约关系，即国家通过单位付给个人工资，以便积累更多的资本统一调配使用，并通过单位为职工提供各项福利，单位代国家发放退休金，社会保险实际上成了企业保险。此外，从退休金的筹集形式看，退休人员的退休金是从当期的企业利润中提取的，本质上还是一种完全现收现付制[①]的养老保险制度。

在现收现付制下，当年在职一代的养老保险征缴收入全部用来支付已退休一代的养老金支出，以支定收，不留结余。该模式具有以下优点：一是实行代际再分配，有利于维护社会公平和低收入者的利益；二是积累较少，避免了积累制下管理基金带来的一系列问题，包括管理成本高、保值增值压力大等。该模式的缺点在于仅考虑短期收支平衡，当老龄化程度加剧时，在职一代的缴费压力比较大，可能出现少缴、欠缴或拒缴的情况。收不抵支时需要财政补贴兜底，情况严重时会给财政带来较大的压力。20世纪六七十年代，我国的养老保险制度受到了严重破坏，主要体现在两个方面：一是管理机构被取消，工会组织停止活动，劳动部门被削弱，养老保险工作无人管理，陷于瘫痪状态；二是退休费用社会统筹被取消，改由企业营业外列支，企业自行负担，社会保险实际上倒退为“企业保险”。

由于当时人口年龄结构比较年轻，国家承诺的养老保险待遇水平较高，这为以后我国改革现收现付制增加了难度。此外，各企业提取的退休基金的30%在全国范围内起到了良好的调剂余缺作用，使该制度具备了一定的社会统筹性质。

1.1.2　经济体制改革初期的养老保险制度

20世纪70年代后期，我国养老保险制度进入恢复时期。1978年5月，第五届全国人民代表大会常务委员会第二次会议原则批准了《国务院关于安置老弱病残干部的暂行办法》和《国务院关于工人退休、退职的暂行办法》。同年6月，国发〔1978〕104号文件发布实施上述两个办法。这个文件对国有企业职工和机关、事业单位工作人员的退休条件和待遇水平作了统一规定，主要内容为：①法定退休年龄为男60周岁，女干部55周岁，女工人50周岁，特殊工种、岗位的退休年龄可

---

①　现收现付制，指以同一个时期正在工作的一代人的缴费支付已经退休的一代人的养老金的保险财务模式。它根据每年养老金的实际需要，从工资中提取相应比例的养老金，本期征收，本期使用，不为以后使用提供储备。

提前5年。②连续工作满10年。③待遇水平与工龄适当联系：工龄为10—15年的，养老金为退休时本人标准工资的60%；工龄为15—20年的，养老金为退休时本人标准工资的70%；工龄为20年以上的，养老金为退休时本人标准工资的75%。对其他有特殊贡献的群体，另行规定了优惠待遇。④养老金从企业成本中列支，由企业支付给退休人员，退休人员的管理服务工作也由企业承担。

这一时期的养老保险制度统一、规范，便于操作，容易被人们理解和接受，对维护恢复时期我国的社会稳定发挥了积极作用。然而，该制度仍然是“企业保险”，没有实现基金在社会范围内的统筹，因此不是真正意义上的社会保险。

自1978年我国开始对外开放和进行经济体制改革，原有的由企业发放养老金模式的弊端逐步显现，主要体现为不同企业的养老保险负担不均衡。该时期的养老保险制度改革正是从解决这一矛盾开始的。

经济体制改革初期，为了搞活国有企业，打破“大锅饭”，扩大国有企业自主权，国家于1983年和1984年进行了两步“利改税”。在国企改革大背景下，退休费用社会统筹机制开始在国有企业试点推广。

1984年，国家在四川省自贡市、江苏省泰州市、辽宁省黑山县、广东省东莞市等地进行国营企业退休人员退休费用社会统筹的试点工作。在此基础上，1986年，《国务院关于发布改革劳动制度四个规定的通知》（国发〔1986〕77号），要求建立全国县、市一级的退休费统筹机制，对参加统筹的企业规定一定的缴费率以建立统筹基金。统筹基金实施差额收缴和差额拨付制度，如果企业的养老金支出额低于缴费额，其差额将汇入统筹基金；如果高于缴费额，超出部分将由统筹基金支付。这种做法打破了由单个企业负责的养老保险模式，在一定范围内实现了社会统筹。

市场经济体制改革推动了我国的养老保险制度改革。1980年国务院颁布的《中外合资经营企业劳动管理规定》和1983年劳动人事部颁布的《中外合资经营企业劳动管理规定实施办法》均要求中外合资企业按照国营企业标准支付职工的劳动保险费用。1983年，国务院颁布了《关于城镇集体所有制经济若干政策问题的暂行规定》（国发〔1983〕67号），规定城镇集体企业应根据自身经济力量，在缴纳所得税之前提取一定数额的社会保险金，逐步建立社会保险制度。在经济体制改革初期，为平衡不同企业的养老保险负担，我国改变由企业提供养老保险的做法，推行退休费用的社会统筹；同时，拓宽养老保险制度的实施范围，除私营企业、乡镇企业职工外，几乎所有类型企业的职工的社会保险均实现有法可依。然而，从筹资方式来看，该时期的养老保险制度仍属于现收现付制。

1.1.3　20世纪90年代以后的养老保险制度改革

进入20世纪90年代，我国养老保险制度的赡养率迅速上升，现收现付制养老金的发放压力增大。同时，由于受到世界上其他国家改革养老保险制度的影响，我国养老保险制度开始在筹资模式上进行改革探索与尝试，逐步向"统账结合"制转变。

在"统账结合"的部分积累模式下，来自企业和职工个人的当年缴费收入一部分计入社会统筹，另一部分计入职工个人账户。社会统筹的资金由政府统一管理运用，个人账户的资金作为个人养老储蓄。退休人员的养老金一部分来源于社会统筹，一部分来源于本人个人账户的积累。该制度结合了现收现付制和完全积累制的优点，既注重效率又兼顾公平，同时体现了共济性。当人口结构趋于老龄化时，退休人员有一定个人积累，可减轻政府和下一代养老支付的压力。同时，与完全积累制下积累的基金相比，该模式积累的基金较少，一定程度上减少了管理成本和降低需承担的风险。

1991年，《国务院关于企业职工养老保险制度改革的决定》（国发〔1991〕33号）指出，应改变养老保险完全由国家、企业包办的做法，逐步建立起基本养老保险、企业补充养老保险和职工个人储蓄型养老保险相结合的制度，由国家、企业、个人三方共同负担。

1993年，党的十四届三中全会通过《中共中央关于建立社会主义市场经济体制若干问题的决定》，肯定了个人账户的作用，提出城镇职工养老保险实行社会统筹和个人账户相结合的模式。1994年，社会统筹和个人账户相结合的试点工作全面推开。1995年3月，在试点工作的基础上，国务院颁布了《关于深化企业职工养老保险制度改革的通知》（国发〔1995〕6号，以下简称《通知》），进一步明确了我国城镇企业职工基本养老保险制度的改革方向是社会统筹与个人账户相结合。考虑到各地区的实际情况不同，《通知》在附件中提出了两种“统账结合”的具体实施方案供地方自由选择，各地可根据自身情况进行调整。方案一是“小统筹大账户”，强调个人账户的激励作用；方案二是“大统筹小账户”，强调社会统筹的作用。然而，允许地方自由选择具体实施方案的做法导致全国各地养老保险缴费和待遇水平相差巨大，职工跨地区、跨部门流动异常困难，国家难以调控和规范。实际的运行结果暴露出我国养老保险改革的深层次矛盾和复杂性。

为扭转这种混乱的局面，1997年7月国务院颁布了《关于建立统一的企业职工基本养老保险制度的决定》（国发〔1997〕26号），明确要在全国范围内建立统一的社会统筹与个人账户相结合的养老保险制度。其中，社会统筹采用现收现付制，个人账户采用基金积累制，并将所有的参保人员划分为“老人”“中人”和“新人”三类。“老人”指的是在该政策实施前已经离退休的人员；“新人”指的是在国发〔1997〕26号文件实施后参加养老金计划的职工；“中人”指的是在国发〔1997〕26号文件实施前参加养老金计划、实施后退休的人员。虽然该措施在一定程度上缓解了养老金账户统筹问题，但其加剧了“双轨制”下养老金水平不均衡、不公平的状况。

国发〔1997〕26号文件还强调要进一步扩大养老保险的覆盖范围，基本养老保险制度要逐步扩大到城镇所有企业及其职工，并规定基本养老保险基金实行收支两条线管理，要逐步由县级统筹向省或省授权的地区统筹过渡。国发〔1997〕26号文件在我国养老保险制度改革历程上具有里程碑意义，它标志着我国养老保险制度从完全的现收现付制向“统账结合”的部分积累制转轨。

但是，当出现退休一代没有个人账户资金积累、在职一代缴纳的社会统筹资金不足以支付退休人员养老金支出的情况时，会出现国家利用社会统筹基金消化制度转轨成本的现象，导致“收不抵支”，地方政府“被迫”借助社会统筹基金和个人账户基金混账管理的便利条件，挪用个人账户基金填补空缺，最终导致个人账户有名无实，形成“空账”。

为解决个人账户“空账”问题，中央财政从1998年起连续几年大幅增加养老保险支出，用于补贴部分省市的养老金支付缺口。2000 年 8 月，党中央、国务院决定设立全国社会保障基金，并成立全国社会保障基金理事会，负责管理运营全国社会保障基金。全国社会保障基金是中央政府集中的社会保障资金，是国家重要的战略储备，主要用于弥补今后人口老龄化高峰时期的社会保障缺口。这些措施虽然取得了一定成效，但是转轨成本问题一直没有得到根本解决。

2005 年 12 月 3 日，国务院颁布《关于完善企业职工基本养老保险制度的决定》（国发〔2005〕38 号），提出“坚持覆盖广泛、水平适当、结构合理、基金平衡的原则，完善政策，健全机制，加强管理，建立起适合我国国情，实现可持续发展的基本养老保险制度”，对具体的养老保险制度设计进行了调整和完善。具体表现在：（1）做小做实个人账户。此次改革调整了社会统筹账户和个人账户的相对比重，缩小个人账户规模以方便其做实，同时扩大社会统筹账户规模以增强统筹账户的基金实力。（2）建立起参保缴费的激励约束机制。基础养老金与缴费年限、缴费工资水平挂钩，强调多缴费多受益，能够有效地避免“搭便车”行为。（3）改革个人账户养老金计发办法。个人账户养老金计发办法更加灵活，综合考虑了平均预期寿命、本人退休年龄、利息等因素。

国发〔2005〕38 号文件出台的一系列措施具有很强的针对性，对缩小“空账”规模、提高职工参保积极性以及维持养老保险制度长期有效运行发挥了积极作用。但是，该措施主要侧重于养老金计发办法的调整，同样回避了转轨成本问题。因此，要建成适合我国国情、实现可持续发展的基本养老保险制度，仍有许多待完善的工作。

20 世纪 90 年代以后，我国农村集体经济衰弱，多数地区的农村社会养老保险完全由个人缴费，实施效果不理想。为了提升参保率和提高保障水平，2009 年国务院发布了《关于开展新型农村社会养老保险试点的指导意见》（国发〔2009〕32 号），推行新型农村养老保险（以下简称“新农保”），由中央政府和地方政府向农村养老保险提供财政补贴，创建“基础养老金 + 个人养老金”的养老保险模式，参保人数迅速增加。与“新农保”方案对应，2011 年发布了《国务院关于开展城镇居民社会养老保险试点的指导意见》（国发〔2011〕18 号），推行城镇居民养老保险，参保对象为城镇非从业人员和由原农村户籍转变为城市户籍的“村改居”人口。由于筹资和管理方式类似，截至 2015 年，两类养老保险制度在多数省份实现了衔接和并轨。

2015 年 1 月，国务院印发《关于机关事业单位工作人员养老保险制度改革的决定》（国发〔2015〕2 号），自 2014 年 10 月 1 日起将机关事业单位工作人员及退休人员纳入社会养老保险体系，基本养老保险费由单位和个人共同负担，单位缴纳基本养老保险费的比例为本单位工资总额的 20%，个人缴纳比例为本人缴费工资的 8%。这意味着公务员不再完全靠政府养老，而是和企业职工一样需要自己缴纳一定比例的养老金。至此，机关事业单位与企业在养老制度上的双轨制正式废除，对促进社会公平具有重大的意义。

2018 年 2 月，作为国税、地税征管体制改革的重要内容，党的十九届三中全会通过的《深化党和国家机构改革方案》明确，为提高社会保险资金征管效率，将基本养老保险费、基本医疗保险费、失业保险费等各项社会保险费交由税务部门统一征收。此举的主要目的是提高社会保险资金征管效率，降低征收成本，实现社会保险资金长远的安全、均衡和可持续增长，为提高社会保险费统筹层次、研究推进适时降低缴费比率奠定良好基础。

2019 年 4 月 4 日，《国务院办公厅关于印发降低社会保险费率综合方案的通知》（国办发〔2019〕13 号）对外发布。根据该方案，自 2019 年 5 月 1 日起，城镇职工基本养老保险（包括企业和机关事业单位基本养老保险，以下简称养老保险）单位缴费比例降低。各省、自治区、直辖市及新疆生产建设兵团养老保险单位缴费比例高于 16% 的，可降至 16%；目前低于 16% 的，要研究提出过渡办法。

1.2 我国的养老保障体系

经过若干年的改革与实践，我国拟建立的以三大支柱为支撑的养老保障体系现已形成初步的框架。其中，第一支柱为政府主导的基本养老保险制度，具有保障社会成员退休后基本生活的职能；第二支柱为企业及职工自愿建立的补充养老保险制度，即企业年金和职业年金，这是对我国养老体系的重要补充；第三支柱为个人养老金账户制度。目前我国已提出个人税收递延型商业养老保险试点，但仍局限于商业保险层面，个人养老金账户制度尚未完全建立。此外，全国社保基金是中央集中的社会保障战略储备，其主要用途是作为人口老龄化高峰时期的社会保障资金的补充。

1.2.1　基本养老保险

多年以来，我国养老保障体系建设的重点是“保基本、广覆盖”。人力资源和社会保障部的数据[①]显示，截至2018年年底，我国养老保障体系第一支柱——基本养老保险的覆盖人群为94 293万人，但是总体保障水平不高；第一支柱基本养老保险基金累计结存58 152亿元，虽然比上年增长了15.84%，但参保扩面工作呈现“广覆盖、低保障”的特征，尚有部分群众未纳入养老保险体系，存在部分灵活就业人员、新业态从业人员和小微企业人员参保率偏低的情况。如图1.1所示，截至2018年年底，全国65岁及以上老年人口为16 658万人，占总人口的11.94%。截至2017年年底，全国共有老龄事业单位1 600个、老年法律援助中心2万个，老年维权协调组织6.4万个、老年学校4.9万个、在校学习人员704.0万人、各类老年活动室35.0万个；享受高龄补贴的老年人2 682.2万人，比上年增长13.9%；享受护理补贴的老年人61.3万人，比上年增长51.5%；享受养老服务补贴的老年人354.4万人，比上年增长25.3%。以上数据表明，我国已进入人口老龄化社会，且老龄化程度在持续加重。然而，我国的老龄事业单位、老年法律援助中心、老年维权协调组织和老年学校等设施的数量呈现下降趋势，反映随着老年人口的增加，相关配套设施的建设力度不够，仅靠国家的基本养老保险已无法应对人口老龄化的严峻挑战。

---

① 资料来源：《2018年度人力资源和社会保障事业发展统计公报》《2017年社会服务发展统计公报》。

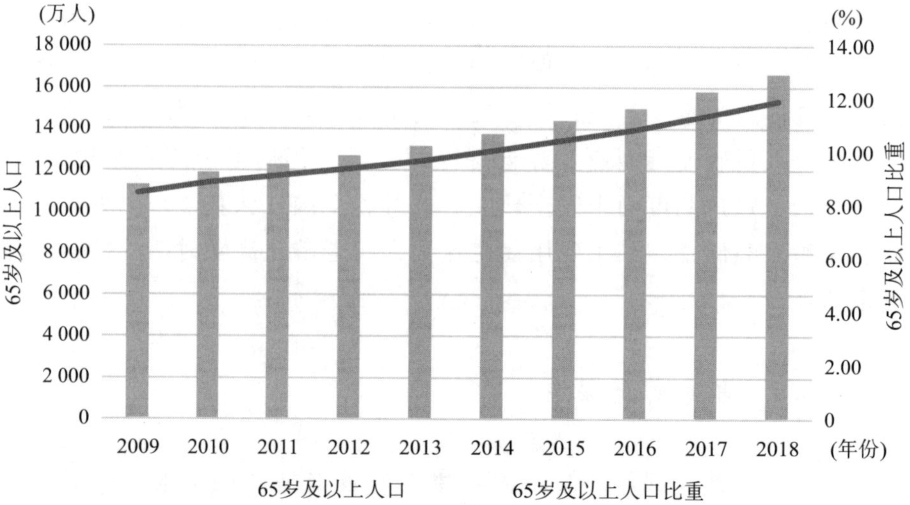

图 1.1 2009—2018 年我国 65 岁及以上人口与其比重情况

2014—2015 年，基本养老保险基金可支付月数指标的下降在一定程度上反映了基金的远期支付压力。2010 年以来，我国整体的养老基金支撑能力基本稳定在 17—19 个月，但地区间存在较大差异。黑龙江、吉林、青海、河北、辽宁、陕西、天津、湖北等 8 个省市和新疆生产建设兵团的可支付月数在 10 个月以下，其中黑龙江省企业养老金可支付月数仅为 1 个月。因此，我国必须重视第二支柱企业补充养老保险和第三支柱个人养老金账户制度的建设。

社会保险基金是由社会保险经办机构按照国家社会保险相关法律法规，通过缴费单位、参保用户以及国家财政补助等方式筹集的用于社会保险支出的专项资金，主要包括养老保险基金、医疗保险基金、失业保险基金、工伤保险基金和生育保险基金。根据人力资源和社会保障部发布的《中国社会保险发展年度报告 2016》，2016 年我国社会保险制度运行总体平稳，5 项社会保险参保人数均比上年有一定程度增长，基金收支规模进一步扩大，各项社会保险待遇水平普遍提高，社会保险经办管理服务能力不断增强。主要表现在以下方面：

社会保险参保扩面扎实推进。2016 年，全国各地继续大力推进实施全民参保登记计划，在摸清底数基础上实现精确管理、精准扩面，5 项保险参保人数均比上年有所增长。

基金收支总体运行平稳。2016年，我国5项社会保险基金总收入为53 564亿元，比上年增长14.1%；总支出为46 888亿元，比上年增长20.3%；基金累计结余为66 350亿元，比上年增长11.5%。其中，养老保险基金规模大、覆盖范围广。截至2016年年末，全国基本养老保险基金累计结余为43 965亿元，2007—2016年年均复合增速达23.4%；基本养老保险覆盖人数为8.88亿人，其中城镇职工养老保险参保人数为3.79亿人，城乡居民基本养老保险参保人数为5.09亿人。

基金收支管理工作中存在的主要问题是：受降费率等政策影响，部分险种基金收入增速放缓或同比下降；部分险种支出增幅高于收入增幅。拟采取的措施是：依据《中华人民共和国社会保险法》规定，强化征收管理，努力做到应收尽收；强化支出管理，堵塞“跑冒滴漏”，严格控制不合理、不合规的基金支出；密切跟踪研判基金运行态势，及时预警和积极化解地方可能出现的基金运行风险。作为实现养老保险全国统筹的第一步，要按照“兜底线、织密网、建机制”的要求，完善各项社会保险制度，建立养老保险基金中央调剂制度，进一步夯实社会保险事业可持续发展的基础。

社会保险经办管理服务能力不断增强。截至2016年年底，全国共有县以上经办机构7 937个，实有工作人员195 869人，经办管理服务水平持续提升。全民参保登记计划深入实施，各项社会保险待遇按规定发放和支付，社会保险关系跨省转移接续和城乡养老保险制度间衔接工作更为顺畅。

人力资源和社会保障部的统计数据①显示，2018年1月至12月，我国城镇职工基本养老保险基金收入为51 168亿元，城镇职工基本养老保险基金支出为44 645亿元；我国城乡居民社会养老保险基金收入为3 838亿元，城乡居民社会养老保险基金支出为2 906亿元。总体来看，2018年基本养老保险基金收入不断增加，且收入始终大于支出，能够维持我国老龄化背景下的养老保险支出规模。

财政部公布的财政社会保障和就业支出情况显示，2018年，全国财政社会保障和就业累计支出27 084.07亿元，比上年同期增长9.7%；

① 资料来源：《2018年度人力资源和社会保障事业发展统计公报》。

2019 年上半年，全国财政社会保障和就业支出 17 645 亿元，比上年同期增长 6.7%。

2005—2019 年，我国已连续 15 年提高了企业退休人员养老金水平。2018 年 6 月 13 日，国务院印发《关于建立企业职工基本养老保险基金中央调剂制度的通知》（国发〔2018〕18 号），决定建立养老保险基金中央调剂制度，自 2018 年 7 月 1 日起实施。2005—2015 年，我国基本按照每年 10% 左右的幅度上调。2016—2019 年养老金调整幅度开始下滑，但仍超过居民消费价格指数（CPI）的涨幅。总体来看，2005—2019 年，我国企业退休人员月人均基本养老金水平从 700 多元提高到 2019 年的 2 500 元左右，增长 3.5 倍，企业和机关事业单位退休人员基本养老金的收入差距不断缩小。

与此同时，我国人口老龄化正呈现加速趋势。截至 2018 年年底，我国 65 岁及以上老年人口有 16 658 万人，占总人口的 11.94%。这意味着一段时期内，领取养老金的人口规模将继续快速增长，养老金的支出压力将继续加大。为此，我国建立了全国社会保障基金作为重要的战略储备，用于弥补今后人口老龄化高峰时期的社会保障的支出“缺口”。同时，对职工基本养老保险基金进行市场化投资运营，实现养老保险基金的保值、增值。此外，划转部分国有资本充实社保基金，使全体人民共享国有企业发展成果。

然而，当前我国社会保险发展仍存在地区间不平衡、基金运行结构性矛盾、部分险种覆盖率不高等问题。2019 年，随着经济形势逐渐回暖向好，有些问题已呈现好转态势。下一步应认真贯彻落实党的十九大精神，全面实施全民参保计划，推进应保尽保；尽快实现养老保险全国统筹，稳步提高其他险种统筹层次，缓解地区间基金收支矛盾；强化基金征收，配合有关部门落实好国务院关于划转部分国有资本充实社保基金的有关要求，进一步扩大基金规模；推动建立全国统一的社会保险公共服务平台，为参保群众提供更加便捷、高效、优质的服务。

1.2.2 企业年金和职业年金

企业年金和职业年金作为我国养老保障体系的第二支柱，是养老保障体系的重要补充。

企业年金的建设和发展是我国完善养老保障体系的重要组成部分。企业年金，是指企业及其职工在依法参加基本养老保险的基础上，自主建立的补充养老保险制度。国家鼓励企业建立企业年金，参加企业职工基本养老保险的其他用人单位及其职工建立补充养老保险的，按照人力资源和社会保障部、财政部联合印发的《企业年金办法》（人力资源和社会保障部　财政部令第36号）执行。该办法自2018年2月1日起施行，是贯彻落实党中央、国务院关于建立多层次社会保障体系、大力发展企业年金要求的具体举措，是在我国社会保障制度不断健全和企业年金市场持续发展的基础上，对2004年《企业年金试行办法》（劳动和社会保障部令第20号）的修订和完善，有利于进一步建立多层次的养老保险制度，推动企业年金发展，更好地保障职工退休后的生活。

近年来我国企业年金在迅速发展的同时也存在一些问题：一是占比偏低。目前36个经济合作与发展组织（OECD）成员的企业年金基金总额占国内生产总值（GDP）的平均比重在60%以上，而该比重在我国还不到2%。二是覆盖范围狭窄。我国绝大多数企业尚未设立企业年金，基金累计规模较小。人力资源和社会保障部公布的《2018年全国企业年金基金业务数据摘要》显示，截至2018年年末，全国企业年金参与企业数仅为8.74万户，参与职工人数共计2 388.17万人，占全国就业人员的比例仅为3.08%；基金规模达14 770.38亿元，增速14.68%。投资收益率为3.01%，当年投资收益为420.46亿元，虽较以往年度有所提高，但在我国养老保障体系中发挥的作用依然十分有限。三是企业年金发展结构不均衡。东部地区企业年金的发展较中西部地区快，特定行业的企业年金发展较其他行业快。经济效益较好的国有或国有控股企业、外资企业与民营企业及其他所有制企业相比，参保员工数量更多，缴费能力更强，且企业中有经济实力参与企业年金的就业人员大多数是企业高管和企业的核心员工。

职业年金方面，2015年国务院办公厅印发了《机关事业单位职业年金办法》（国发〔2018〕18号），提出从2014年10月1日起实施机关事业单位的工作人员职业年金制度。本办法所称职业年金，是指机关事业单位及其工作人员在参加机关事业单位基本养老保险的基础上建立的补充养老保险制度，是我国推进养老保险在制度上“并轨”的重要配套措施。为进一步规范职业年金基金管理，人力资源和社会保障部于2016年6月21日就《职业年金基金管理暂行办法》征求意见。由于职业年金的缴费时间较短，目前积累的基金规模并不大。

发展职业年金有利于建立多层次养老保险体系，保障机关事业单位工作人员退休后的生活水平，促进人力资源合理流动。人力资源和社会保障部根据《国务院办公厅关于印发机关事业单位职业年金办法的通知》（国办发〔2015〕18号）、《人力资源和社会保障部　财政部关于印发职业年金基金管理暂行办法的通知》（人力资源和社会保障部发〔2016〕92号）等有关规定，制定了《人力资源和社会保障部办公厅　财政部办公厅关于印发职业年金基金归集账户管理暂行办法的通知》（人社厅发〔2017〕110号），进一步规范职业年金基金归集账户的设立和管理，保障职业年金基金财产安全。此外，2013年财政部、人力资源和社会保障部、国家税务总局联合发布《关于企业年金职业年金个人所得税有关问题的通知》（财税〔2013〕103号），通过多项税收优惠措施促进我国多层次养老保险体系发展。企业和事业单位根据国家有关政策规定的办法和标准，为在本单位任职或者受雇的全体职工缴付的企业年金或职业年金的单位缴费部分，在计入个人账户时，个人暂不缴纳个人所得税。个人根据国家有关政策规定缴付的年金个人缴费部分，不超过本人缴费工资计税基数的4%标准内的部分，暂从个人当期的应纳税所得额中予以扣除。年金基金投资运营收益分配计入个人账户时，个人暂不缴纳个人所得税。

企业年金方面，人力资源和社会保障部公布的《2018年全国企业年金基金业务数据摘要》显示，截至2018年年末，年金基金投资加权平均收益率为3.01%，处于较低水平。从参保职工人数上看，设立企业年金的企业数和参加企业年金的职工人数增幅分别为8.63%和2.44%，企业年金的职工参与人数增长也处于较低水平，覆盖面有限，覆盖率增速缓慢。

目前，企业年金筹资规模上限有所下调，归属比例设置有助于提升员工忠诚度。企业年金所需费用由企业和职工共同缴纳，基金实行完全积累，并为每个参加企业年金的职工建立个人账户。根据2018年2月1

日起实施的《企业年金办法》，企业缴费每年不超过本企业职工工资总额的8%，企业和职工个人缴费合计不超过本企业职工工资总额的12%。虽较2004年的《企业年金试用办法》规定的1/12和1/6的上限有些许下调，但目前部分企业尚未完全按照上限实施，存在较大的提升空间。

从企业年金设立至2018年资产占比仍较小，主要为存量增长。截至2018年年底，我国企业年金累计结存为14770.38亿元，仅占当年GDP的1.65%。在新参保职工数并未发生太大变动的情况下，我国企业年金资产的现有增长主要源于已参与企业及其职工的积累，即为存量增长，因此企业年金发展动力不足。

企业年金市场潜力有待深挖，商业保险公司大有可为。目前，商业保险机构主要在企业年金运行过程中扮演“受托人”或“托管人”的角色，即接受企业年金设立者的委托选择账户管理人、托管人和投资管理人，或接收企业年金受托人的委托对企业年金基金进行投资管理。近年来，商业保险机构参与程度不断提高，在企业年金发展过程中发挥重要作用。

总体而言，第二支柱在养老保障中起到了一定的补充作用，但未能充分发挥企业在养老保障体系中的作用。

1.2.3　个人养老账户

我国已在政策制定层面针对第三支柱进行了较长时间的讨论，但目前个人养老金账户制度仍未实际落地。早在20世纪90年代，我国就提出了“在建立基本养老保险的同时，鼓励建立企业补充养老保险和个人储蓄性养老保险”。2014年，国务院《关于加快发展现代保险服务业的若干意见》（国发〔2014〕29号）中指出：“研究完善加快现代保险服务业发展的税收政策。完善健康保险有关税收政策。适时开展个人税收递延型商业养老保险试点。落实和完善企业为职工支付的补充养老保险费和补充医疗保险费有关企业所得税政策”，提出个人税收递延型商业养老保险的概念。《中华人民共和国国民经济和社会发展第十三个五年（2016—2020年）规划纲要》第六十四章的第一节“完善社会保险体系”中提出：“分清政府、企业、个人等的责任。适当降低社会保险费率。完善统账结合的城镇职工基本养老保险制度，构建包括职业年金、企业年金和商业保险的多层次养老保险体系，持续扩大覆盖面。实现职工基础养老金全国统筹。完善职工养老保险个人账户制度，健全参保缴费激励约束机制，建立基本养老金合理调整机制。推出税收递延型养老保险。”

我国的商业养老保险业起步较晚。改革开放初期，我国保险业恢复经营，集体养老金业务开办于 1983 年，个人养老金业务开办于 1984 年。随着对外开放的不断深入，1992 年美国友邦保险将个人销售员制度带到我国，我国养老金业务逐渐走向商业化经营。20 世纪 90 年代末，中国人民银行连续下调存款利率，我国寿险业进入产品转型时期，出现了分红保险、投资连结保险等新型养老保险产品。截至 2018 年年底，我国共有 91 家人身保险公司，大多数产品仍为以理财型为主的储蓄类年金险，养老保险的发展尚不成熟。[①] 商业养老保险严重缺位，未能实现对第一支柱和第二支柱的有效补充。作为我国养老保障体系的第三支柱，商业养老保险应当成为个人养老计划的主要承担者，为家庭和个人提供差异化养老保障，满足其在风险控制和财富管理等方面的需求。总体上看，我国商业保险机构的发展空间广阔，可充分发挥自身产品服务、机构网络和精算技术等方面的专业优势，满足居民较高层次的养老保障需求。

2015 年，中国保监会印发《个人税收优惠型健康保险业务管理暂行办法》（保监发〔2015〕82 号），旨在促进个人税收优惠型健康保险业务健康发展，保护被保险人的合法权益。为进一步推动商业健康保险个人所得税政策试点工作顺利实施。2016 年，中国保监会办公厅发布《关于开展个人税收优惠型健康保险业务有关事项的通知》（保监厅发〔2016〕1 号）对保险公司开展的个人税收优惠型健康保险业务进行推进和监督。2018 年 4 月 2 日，财政部发布《关于开展个人税收递延型商业养老保险试点的通知》（财税〔2018〕22 号），决定自 2018 年 5 月 1 日起，在上海市、福建省（含厦门市）和苏州工业园区实施个人税收

① 资料来源：《2018 年人身保险公司原保险保费收入情况表》。

递延型商业养老保险试点，试点期限暂定1年。对试点地区个人通过个人商业养老资金账户购买符合规定的商业养老保险产品的支出，允许在一定标准内税前扣除；计入个人商业养老资金账户的投资收益，暂不征收个人所得税；个人领取商业养老金时再征收个人所得税。

随着人口老龄化趋势的加剧和财政支出压力的不断加大，第三支柱个人养老金账户制度被公认是养老金体系的重要补充。截至2019年6月底，我国境内居民个人存款达79.02万亿元，较年初增长3.92%，较上一年同比增长14.12%。[①] 居民财富管理需求日益增长，也给第三支柱发展提供了契机。第三支柱个人养老金账户制度对于建立多层次、可持续的养老保险制度具有重要意义。由于我国养老体系第三支柱建设刚刚起步，仍存在诸多问题，如政策体系不完善、制度建设尚未健全等。我国应大力发展第三支柱，尽快建成多层次的养老体系，满足居民养老需求。

1.3　我国建立个人养老账户的必要性

我国养老金体系的积累资产不足。根据测算，2016年中国养老金体系三大支柱积累的养老资产约为5.5万亿元，仅占GDP（74.36万亿元）的7.4%。而美国同期三大支柱积累的养老金资产总量为28.1万亿美元，占GDP（18.56万亿美元）的151.4%。如表1.1所示，中国积累的养老金资产占GDP的比例远远低于美国。根据《2018年全球养老金资产研究报告》，22个主要经济体的养老金资产总额为41.4万亿美元，较2016年同比增长13.1%，占经济体GDP的67.0%，样本平均养老金资产规模为18 818.18亿美元。相比之下，中国的养老金积累资产远低于发达经济体的养老金资产规模，难以满足庞大老年人口对养老保障的需求。

---

① 资料来源：中国人民银行2019年货币统计数据。

表 1.1　　2016 年中美两国养老金资产规模对比

		第一支柱	第二支柱	第三支柱	合计	占 GDP 比重
美国	规模（万亿美元）	2.8	15.4	9.9	28.1	
	占比（%）	10.0	54.8	35.2	100.0	151.4
中国	规模（万亿元）	4.4	1.1		5.5	
	占比（%）	79.9	20.1		100.0	7.4

资料来源：美国 SSA 和 ICI，中国人力资源和保障部及中国保监会。

目前，我国已建立起以基本养老金、企业年金和全国社会保障基金为主的多层次养老保障体系。但养老金制度仍不尽完善，多层次养老保障体系尚未完全构建起来，保障标准过低。此外，第一支柱占比过高，且缺口逐年扩大，第二支柱和第三支柱发展滞后。伴随着日趋严峻的人口老龄化形势，居民晚年对基本养老保险制度的严重依赖给财政造成越来越大的压力，无法适应经济新常态的要求，加快建立我国的个人养老金账户制度迫在眉睫。

1.3.1　隐性债务堪忧

不断加剧的人口老龄化趋势使我国养老保险的隐性债务和财务可持续性问题日益凸显。部分学者曾对养老金缺口进行测算，虽然测算口径不尽相同，但是我国养老保险的隐性债务规模扩大已成为不争的事实（见表 1.2），主要体现在 3 个方面：一是缺口绝对规模较大。以 2012 年为基准，社会统筹账户的隐性债务为 83.6 万亿元[①]。二是资金缺口占当年 GDP 比重较高。根据测算，到 2050 年养老金隐性缺口最高可能超过当期 GDP 的 95%[②]。三是现有储蓄大约将在 2030—2040 年消耗殆尽，由全国社保基金构成的储备基金[③]也难以完全弥补缺口。事实上，2014 年冀、黑、宁 3 省养老金已出现基本养老金当期"入不敷出"的窘境，2016 年扩大至东北 3 省、冀、陕、青 6 个省份，养老金缺口不断扩大。

① 该资料来源于中国社科院魏吉漳博士团队的测算结果，摘自《中国养老金发展报告 2014》。

② 该资料来源于中国社科院高培勇教授 2011 年的测算结果。

③ 根据 2018 年全国社会保障基金理事会基金年度报告，截至 2018 年年底社保基金资产总额为 2.24 万亿元。

表 1.2　　　相关机构对我国养老金隐性债务规模的测算

研究机构（研究人）	测算时点（年份）	截止时点（年份）	规模
中国银行（曹远征）	2012	2033	占 2033 年 GDP 的 38.7%
中国社科院（高培勇）	2011	2050	占 2050 年 GDP 的 95%
德意志银行（马骏）	2012	2050	占 2050 年 GDP 的 75%
中国社科院（李扬）	2013	2050	占 2050 年 GDP 的 91%

1.3.2　养老结构失衡

我国养老金的三大支柱发展极不均衡，基本养老保险制度“一枝独大”，企业年金和职业年金发展迟滞，个人养老金账户制度尚未建立。当前我国养老保险基金的主要来源是保险费收入、利息收入和财政补贴。由于经济条件的限制，保费欠缴问题较为严重，加上老龄人口数量不断增长，养老保险费用增加，收支矛盾日益突出。

第一支柱方面，美国 90% 左右的养老资产为私人养老金，而我国公共养老与个人养老的比例约为 8∶2，呈现“倒挂”格局。我国养老过度依赖基本养老保险，加大了政府的财政支付压力，挤压了企业年金和个人养老金账户的发展空间。随着我国养老保障体系覆盖面逐渐扩大和政府职能转变、简政放权逐步推进，传统方式下单纯依靠政府社保经办体系的模式将面临巨大的财政和人员压力，养老保障必然朝着市场化运作发展。

第二支柱方面，由于设立企业年金很可能会增加企业管理成本，且年金的投资范围受到政府的限制，再加上现有工资总额 4% 的税收优惠限额未能充分发挥税收优惠政策的激励作用，因此推广企业年金还存在较大的难度。此外，由于企业年金和职业年金的涵盖对象主要是就业人员，不包括失业人员和自由工作者，难以实现真正意义上的社会公平。

第三支柱方面，目前我国个人养老金产品和服务供给不足，市场规模和覆盖人群有限，难以充分发挥对社会保障事业和经济社会发展的支持作用。2017 年，新增在售的年金保险产品中，仅有 10% 具备养老功能。2018 年，商业养老保险整体市场规模超过万亿元，但养老年金保险原保费仅占市场规模的一半以下，市场体量与覆盖面相对较小。此外，养老目标基金作为第三支柱的重要产品类型，处于起步阶段。总体而言，目前第三支柱的发展相对滞后。

随着社会经济的发展，人民的生活水平不断提高，物质生活基本得到满足，人们的关注点逐渐转向精神层面的享受。作为补充养老保障的第三支柱，个人养老金账户应在满足老年人基本生活要求的基础上，提升老年人在医疗护理、精神慰藉、娱乐消遣等方面的质量，改善个人退休后的生活水平。

退休金本质上是个人将目前的闲余资金进行储蓄投资以供退休后支取，因此个人养老金账户应合理安排参与者终生收入的总量，贯穿退休前后各个阶段，鼓励个人根据自身收入情况对退休生活做出预先的统筹安排，通过个人养老金账户制订养老计划，进行委托理财，合理安排其养老规划，弥补个人的养老金赤字，满足个人的养老需求。

1.3.3 远期财政压力巨大

养老过分依赖公共部门将给政府财政带来较大的压力和远期风险。我国当前实行社会统筹与个人账户相结合的养老保险制度，但是实践中却形成一种在资金流程上与现收现付制没有本质区别的“空账”运行机制。

英国、美国等发达国家自20世纪80年代起启动养老金改革，通过引入市场化机制，由私人部门和政府部门共担责任，保障养老体系的可持续发展。部分欧盟国家倡导福利主义，倾向于政府大包大揽，使社会保障走入恶性膨胀的“死胡同”，最终将政府部门拖入债务“泥潭”。研究表明，“欧债五国”的私人养老金发展均较为滞后，福利支出占GDP的比例较高，希腊更是欧洲唯一没有私人养老金的国家。危机过后，各国普遍降低公共养老金待遇水平，转而积极发展私人养老金计划。我国应当未雨绸缪，加快企业年金和个人养老金账户投资的发展步伐，防范远期发生财政危机。

1.4　个人养老金账户是完善养老保障体系的必然选择

第一支柱采取的现收现付制很容易受老龄化的影响，而第二支柱由于主要受企业影响，也面临着金融市场波动和法人交易信用风险。相比之下，第三支柱个人养老金账户的设立具有很大的优势，主要体现在激励机制较强、透明度较高和便携性良好3个方面。

1.4.1　个人养老金账户具有较强的激励机制

第三支柱强调自由支配的灵活性和自愿性，可以补偿其他支柱设计过程中的缺陷，为那些希望在老年阶段获得更多收入保障的公民提供额外保护，具有收益性、缴费金额归自身所有等特点。除此之外，政府为这种自愿性质的投资储蓄提供了相关税收优惠，使个人养老金账户投资具有较强的激励效果。由于激励性较强，养老金积累不断增加，受益水平随之提高，在当前人均寿命延长的趋势下，还可以起到推迟退休的效果。

1.4.2　个人养老金账户透明度较高

个人养老金账户的持有人可以随时到账户管理人处查看到自己的账户情况，如养老金的投资选择和积累情况等，不易产生经办机构欺诈和管理不善等问题。此外，由于个人养老金账户按照纵向收支平衡原则确定缴费率，个人在最初阶段和投资收益进程中可以根据年龄阶段选择不同的基金组合，符合生命周期规律，受人口年龄结构变化的影响较小。

1.4.3 个人养老金账户便携性良好

个人养老金账户的资金归个人所有，便携性良好，有利于促进劳动力在不同职业和地域间的流动。此外，当前各国在实践中一般会将积累的养老金投入资本市场，在养老金实现保值、增值的同时，有利于促进资本市场的成熟和完善，促进经济增长。

第2章
各国个人养老金账户制度比较

第三支柱一般被定义为政府提供税收激励政策引导、个人自愿参与的个人养老计划。目前，世界上许多国家已经建立了个人养老金账户制度。从时间维度上看，智利最早建立了较为成熟的账户体系，该模式已被拉美12国、苏联等东欧国家以及欧美部分发达国家借鉴；就发展程度而言，美国第三支柱计划的发展最为成熟，截至2018年年末，其第三支柱的资产达到了8.8万亿美元，占三支柱养老金总量的33%[①]。英国养老型个人储蓄账户及澳大利亚自愿性质的养老储蓄账户也各有优势。俄罗斯、德国、荷兰、丹麦等国的个人养老金账户制度在不断改革发展中根据自身政治经济条件产生了自身特色。本章选择了八个典型国家作为国际经验借鉴的主要分析对象。

2.1 各国养老保障体系概述

从20世纪80年代起，全球范围内的老龄人口比重逐渐提高，人口老龄化进程明显加快，再加上现收现付制的冲击，养老金制度日益陷入困境。为解决养老问题，世界银行于1994年提出了三支柱养老金改革

① 资料来源：《美国基金年鉴2019》。

方案[①]，具体内容如表 2.1 所示。养老保障三支柱体系的理论和实践逐渐被世界主要国家采用。

表 2.1　　世界银行的三支柱养老金方案

养老金三支柱体系	第一支柱	第二支柱	第三支柱
参与性质	强制性	部分强制性	自愿性
融资方式	社会保障税（费）	部分或完全积累	完全积累
管理方式	政府公共管理	私人管理	私人管理
给付方式	DB 型（待遇确定型）	DB 型或 DC 型	DC 型（缴费确定型）

资料来源：世界银行 1994 年的三支柱养老金改革方案。

第一支柱——强制性政府养老金。一般是以最低生活保障为目标的政府"兜底"性公共养老金制度。该制度一般采取待遇限定的给付方式，根据民众参加养老金计划的年数及其收入水平按照既定公式计算出养老金受益水平，并由政府财政"兜底"承担支付风险。另外，强制性公共养老金采用现收现付制，通过代际收入再分配为老年人提供最低基本养老金保障。强制性公共养老金主要由政府或政府指定机构进行集中管理，对于这部分资金的投资对象也有较为严格的规定。

第二支柱——部分强制性职业养老金。主要表现形式为企业年金和职业年金，是一种企业和雇员个人共同负担、政府提供税收优惠的养老制度。职业养老金采用"以收定支"的待遇限定型给付方式，通过在职期间缴纳的年金费用确定退休金水平，并采用完全积累制，不存在代际转移问题，从而减少了人们对于第一支柱的长期依赖。同时，大多数国家都对职业养老金计划给予了一定程度的税收优惠，使其成为企业和雇员合理降低税负的有效手段。

第三支柱——私人储蓄性养老金。以完全自愿为基础，是个人责任的适当回归，并具有较强的自由支配性。私人储蓄性养老金属于"量入为出"的缴费限定型，并采用完全积累制，根据个人的养老金储蓄额及该资金的投资收益总额确定参与者的养老金受益水平，个人根据自

① 2005 年三支柱被扩充成五支柱，增加了非缴费的零支柱（基本目标是防止老年贫困）和非正式的依赖家庭内部或代际之间相互扶持养老的第四支柱，进一步丰富了养老保障体系的内涵，但这两支柱对本书研究的意义不大，故本书不做分析。

身情况选择储蓄金额，在资金投资上有较大的自主权，但支付风险也由个人承担。此外，政府一般通过给予税收优惠等政策手段鼓励民众参与。

养老保障三支柱体系在世界范围内得到了广泛的认可和推行，绝大多数国家和地区均采用了三支柱的养老金制度体系，具体的国家和地区如表 2.2 所示。

表 2.2 "三支柱"养老金方案在世界范围内的运用

地区	主要国家	代表国家	代表方案
北美	美国等	美国	基本养老金联邦老年、遗属和伤残人保险信托基金（OASDI）方案 企业补充养老金 401（k）计划① 个人退休账户（IRA）
欧盟	丹麦、荷兰、匈牙利 英国等	英国	公共养老金 职业养老金 个人养老金
欧亚	俄罗斯、日本等	俄罗斯	国家公积金 强制性养老金 私人养老金
拉美	智利、阿根廷、乌拉圭、 哥斯达黎加、厄瓜多尔等	智利	个人资本化账户为基础的 私营养老金计划

资料来源：中国证券投资基金业协会和养老保障第三支柱税收政策研究课题组的研究。

由于人口老龄化程度的加重，社会赡养率提高，社会负担愈发沉重。但是，现收现付制给年轻劳动力带来了巨大的清偿风险，并可能因为给付水平的下降引发代际矛盾。此外，随着老龄人口占比的提高，GDP 中养老金支出所占比重也将持续扩大。因此，世界各国都必须将完善养老金制度、解决养老问题作为制定经济发展策略的核心问题。

具体到养老金体系的每一支柱则为：如果养老过多依赖第一支柱，

---

① 美国 401（k）计划也称"现金或递延安排"（CODA）计划，是政府、企业、个人三方为员工退休养老分担责任的典型制度设计之一。401（k）计划适用于私人企业及部分非盈利组织，目的是鼓励企业雇员增加长期养老储蓄资金，401（k）计划的优势在于享受税收优惠政策，雇主缴费将获得税前扣除，雇员缴费将在个人所得税税前扣除，仅在提取个人账户资金或退休领取时缴费税款。

一方面容易增加政府的财政支付压力，另一方面为大多数退休人员提供的老年保障可能无法完全满足其养老需求；第二支柱对政府及企业都有较高的要求，如果政府的激励性措施不足或者企业参与度偏低，将会使第二支柱显得“瘸腿”，难以发挥其作为第一支柱重要补充的作用；同时，若前两支柱运行不良，第三支柱也很难发挥自身的激励优势。因此，均衡发挥三个支柱的养老功能已成为各国的共识。

2.1.1 美国的养老保障体系

美国三支柱退休收入保障体系包括公共退休金计划、雇主退休金计划，以及个人退休账户（Individual Retirement Account，IRA）。

2.1.1.1 公共退休金计划

美国的公共退休金计划起源于1935年罗斯福签署的《社会保障法》，是由政府发起并由政府机构管理的，向老年退休者提供养老金的老年经济保障计划，即养老社会保险计划。在早期，由于美国老年人口数量较少，社会养老保障可以靠公共退休金计划维持，但随着经济的发展，公共退休金计划信托基金收益率低、偿付力不足等缺陷逐渐显现。公共退休金计划已远远不能为日益庞大的老年群体提供足够的生活保障，无法应对人口老龄化的压力，私有退休金体制（特别是IRA）随之逐步发展起来。

2.1.1.2 雇主退休金计划

雇主退休金计划是基于自愿原则，由雇主资助其雇员建立的养老金计划，包括利润分享退休金计划、职工入股退休金计划、年金退休金计划、401（k）计划及403（b）计划[①]等。鉴于其雇主自愿建立的特点，

---

① 403（b）计划是为公立学校、免税组织和教会或与教会有关的组织的雇员制订的退休计划，该计划主要适用于学校、医院、教堂等税收豁免的非盈利组织，属于第二支柱养老金计划。1940年初期，许多美国非盈利组织的雇员自发投保个税递延商业养老保险（Tax - deferred annuities）。1958年，美国税法（IRC）修订并增设403（b）条款，允许有能力的非盈利组织雇员自主购买个税递延的商业养老保险。403（b）是专为公立学校的雇员、免税组织的雇员及牧师等特定人群设计的养老金计划。

自营业者以及一部分就业人员无法参与其中，因此它对公共退休金计划的补充作用难以覆盖所有美国民众。

2.1.1.3 个人养老金账户

美国在 1944 年就已经步入老龄化社会，人口老龄化趋势日益明显，老龄化程度不断加重。1960—1980 年，美国 65 岁以上人口比重从 9.2% 提高至 11.2%，原本现收现付制的养老保险方式已不能满足美国居民的养老需求。同时，由于人们消费观念的改变和金融市场的迅猛发展，美国的储蓄率逐年下降，给社会养老保险带来巨大的潜在压力，因此发展个人退休账户，鼓励个人为退休后的生活费用提前进行储蓄和投资成为美国政府用来缓解养老压力、维护社会稳定的重要举措。

美国个人退休账户（IRA）是第三支柱养老保障体系发展的典范。IRA 根据美国国会 1974 年通过的《雇员退休收入保障法案》（Employee Retirement Income Security Act，ERISA）设立，该法案最初仅针对无雇主赞助退休金计划的雇员。1981 年，美国国会通过《经济复兴税法》（Economic Recovery Tax Act，ERTA），IRA 逐步转变为由雇员自行建立与投资的退休金账户。IRA 计划由美国国税局（IRS）进行统一管理，是美国退休金体系的重要组成部分。IRA 计划资产截至 2018 年年底达到 8.8 万亿美元，占美国当年 GDP 的 40% 以上，充分发挥了第三支柱补充养老的作用。

2.1.1.4 税收政策在养老保障体系中的重要作用

①社会保障税奠定了美国养老保障体系第一支柱的基础。罗斯福新政时提出并颁布的《社会保险法》奠定了美国社会保障制度的基础，正是根据此法案，美国开始征收社会保障税。作为政府的专项税收，社会保障税不仅具有税收的强制性，而且法律规定该税款专款专用，由此成为美国最基础的养老制度安排。2000 年以来，美国社会保障税收入占 GDP 比重稳定维持在 6% 以上，为政府养老保障支出提供了资金支持，成为仅次于个人所得税的第二大税种。

②税收优惠是美国第二支柱和第三支柱发展的催化剂。1974 年，美国国会通过了《雇员退休收入保障法案》，通过税收优惠等形式鼓励

雇主与雇员共同建立养老金计划，由此形成了政府养老保障制度的第二支柱。在此基础上美国建立了包括 IRA 在内的个人储蓄养老金计划，将自由职业者和企业未提供职业年金计划的就业者纳入其中，形成了美国养老保障体系的第三支柱，进一步完善了美国养老保障体系。由此，美国形成了由公共退休金计划、雇主养老金计划、个人退休金账户组成的养老保障体系。

③税收政策是美国养老金体系发展的保护屏障。美国政府主要依据《国内税收法典》和《雇员退休收入保障法案》对第二支柱和第三支柱进行支持和管理。《国内税收法典》要求美国国税局对年金计划税收优惠政策的执行进行监督和稽查，《雇员退休收入保障法案》对年金计划执行过程中需要满足的各种条件均作了详细的规定。总体来说，根据这两部法案，雇主养老金计划和 IRA 均可享受相应的税收优惠。

针对第二支柱和第三支柱的税收优惠政策包括了两方面的内容：一是税前抵扣限额（比例）的高低；二是避税或减税的比例。鉴于美国个人所得税起征点较低且税率较高的特点，税收递延政策能为企业年金和 IRA 等养老计划带来明显的减税效果。另外，由于超额累进税制下边际税率会随收入的增加而不断提高，税收递延对高收入者有更明显的减税作用。从上述美国个人养老金账户发展经验看，税收优惠确实发挥了主导作用。

美国三支柱养老保障体系日趋成熟，不同支柱均有其特定的制度目标，功能清晰、监管严格、运营规范、选择灵活，较好地保障了不同层次国民的养老需求。我国现阶段养老保障体系制度同样面临着人口老龄化、养老财政压力增加等挑战，美国 IRA 的发展经验对我国具有重要的借鉴和学习价值。

2.1.2 英国的养老保障体系

英国的养老保险制度由国家养老金计划、职业养老金计划和个人养老金计划三个支柱构成。国家养老金计划包括国家基本养老金计划（Basic State Pension，BSP）、第二养老金计划（State Second Pension，S2P）和养老金补贴制度（Minimum Income Gurantee，MIG）。其共同特点是由政府提供，并由政府承担“兜底”责任。职业养老金计划和个人养老金计划均属于私人养老金计划，采取市场运作的模式，目前英国67%的人参加了私人养老金计划。在英国，国家养老金仅能保证员工退休后的基本生活需要，更好的退休待遇主要是依靠职业养老金和个人养老金满足。

2.1.2.1 第一支柱：国家养老金计划

国家基本养老金计划（BSP）。国家基本养老保险基金的资金来源于国民保险税，除残疾人等特殊人群可以免除缴纳外，雇主和年收入5 000英镑以上的雇员均要缴纳。养老金领取年龄（法定退休年龄）为男性65岁、女性60岁（公共部门法定退休年龄男女均为60岁）。2010年前，女性和男性要分别缴纳39年和44年养老保险，才能在达到退休年龄后享受全额养老金（失业人员在失业期间可视同缴纳）。由于缴纳时间过长，2008年60%的退休女性和10%的退休男性未能享受到全额养老金。2010年，英国政府将男性和女性的最低缴纳年限统一降至30年，但仍有25%的退休女性和5%的退休男性无法领取全额养老金。2016年起，国家基本养老金的标准为最低每人每周148.4英镑，且每年都会根据物价水平作出调整，物价不变时则每年上调2.5%。近年来，由于英国社会平均工资增长率高于物价涨幅水平，国家基本养老金标准增幅相应低于社会平均工资增幅，其占社会平均工资的比例也在逐年下降。根据OECD数据，2016年英国平均收入者养老金税前替代率为22%，在OECD成员中仅高于南非。①

第二养老金计划（S2P）。所有缴纳国民保险税且没有参加职业养老金或个人养老金计划的雇员都将自动加入S2P。养老金水平约为雇员职业生涯中收入最高的20年的平均工资的25%，具体根据收入水平和工作年限确定。S2P最初根据消费者价格指数进行调整，从2012年起将改为与工资收入增长率挂钩。政府允许雇员从这个制度中“转出”（也叫协议退出）至职业养老金计划、个人养老金计划等私人养老金计划。国家第二养老金占工资收入的比例逐步上升并稳定在8%—13%的

① OECD (2019), Gross pension replacement rates (indicator). doi: 10.1787/3d1afeb1-en (Accessed on 04 July 2019).

水平。如果缴费满40年，对于普通收入者而言，第二养老金与国家基本养老金收入相当（替代率为17%—18%），国家基本养老金和国家第二养老金形成的第一支柱的最高替代率在35%左右。

养老金补贴制度（MIG）。这是一项由政府对已经领取国家养老金的贫困人口提供补贴的制度，经费来源于政府一般税收收入。通过提供补贴，使低收入老年人口达到国家规定的最低收入标准，主要包括三种形式：一是最低收入保障补助。退休人员养老金低于国家贫困线标准的，由国家补助至贫困线标准。英国贫困线标准为英国家庭收入中位数的60%，2011年的贫困线为每周137.35英镑。贫困线每年进行调整，由工作和养老金部负责公布。二是储蓄补助。为了鼓励员工在工作期间储蓄，政府对65岁以上（女性60岁以上）达到一定储蓄金额的人提供额外福利。三是特殊补贴，分为财力调查补贴和非财力调查补贴。财力调查补贴包括租房补贴和市政税补贴，非财力调查补贴包括冬季取暖燃油补贴和个人看护补贴。

2.1.2.2 第二支柱：职业养老金计划

职业养老金计划由私人和公共部门的雇主自愿提供，分为待遇确定型（DB型）、缴费确定型（DC型）和二者混合型三种类型。截至2010年3月31日，这三种类型对应人口分别是830万人、150万人、610万人，相关资产主要投资于以股票市场为主的资本市场。所有公共部门和大多数大公司提供的都是DB型养老金计划，但由于DB型养老金计划具有较大的成本风险，会因经济状况的变化而导致较高赤字，因此越来越多的大公司对职业养老金计划进行了调整：一是改为DC型计划，雇员按照工资一定比例进行缴费，雇主进行投资，本金和收益在雇员退休后支付；二是仍然选择DB型计划，但通过和保险公司签订合同的方式转由保险公司承担风险。此外，公共部门的养老金计划也在酝酿调整。英国法律没有规定职业养老金具体的缴费比例，约1/4的职业养老金计划由雇主缴费，也有些计划是由雇主和雇员共同缴费，费率由雇主决定。

政府对职业年金计划提供税收优惠，即缴费和投资阶段免税，领取阶段缴税。养老金计划必须在英国税务海关总署（HMRC）注册，以获得减税资格。为了防止将免税政策作为逃税手段，对职业年金缴费有一定的免税额度要求，每人退休前可免税的职业年金缴费总额不能超过 150 万英镑，在这一上限内，缴费金额可以达到雇员工资的 100%。

由于作为第一支柱的国家基本养老金替代率较低，大部分人退休后的主要收入来源是作为第二支柱的职业养老金。截至 2010 年 7 月，仅 DB 型计划管理的资产就高达 9 210 亿英镑，DC 型计划管理的资产也一直在大幅增加。参加职业养老金的人数占全部人口的 45%左右，已经成为英国养老金体系中最重要的组成部分。

2.1.2.3 第三支柱：个人养老金计划

个人养老金计划是一种个人自愿参加的 DC 型计划。英国法律规定，没有为雇员提供职业年金计划的雇主必须与一家或多家保险公司达成协议，使其雇员能够参加这样的计划。雇员可以在确定的保险公司和投资种类中自愿选择参加，雇主将为选择参加这些计划的雇员代扣应缴费用并向保险公司缴纳。同时，个人也可不通过雇主直接参加保险公司提供的 DC 型计划及寿险计划。政府为鼓励雇员参加个人养老金计划，对从 S2P 中"协议退出"的雇员，将国民保险税的 5.8%（雇员 2%，雇主 3.8%）转入个人养老金计划账户。这类计划的税收优惠政策与职业年金计划类似。

2.1.3 澳大利亚的养老保障体系

澳大利亚的养老保障制度经过一系列的改革措施，形成了三支柱的模式。第一支柱为根据公民收入测定、政府提供税收优惠的基本养老金。第二支柱为强制性的职业养老金制度（Super Guarantee，SG），由雇主和雇员共同负担，雇主须按照 9%的比例缴纳职业养老金。第三支柱包括两部分，一是 SG 养老基金中的个人自愿缴纳部分，二是个人退休储蓄账户（Retirement Saving Accounts，RSA）。

澳大利亚相关三支柱养老体系如图 2.1 所示。

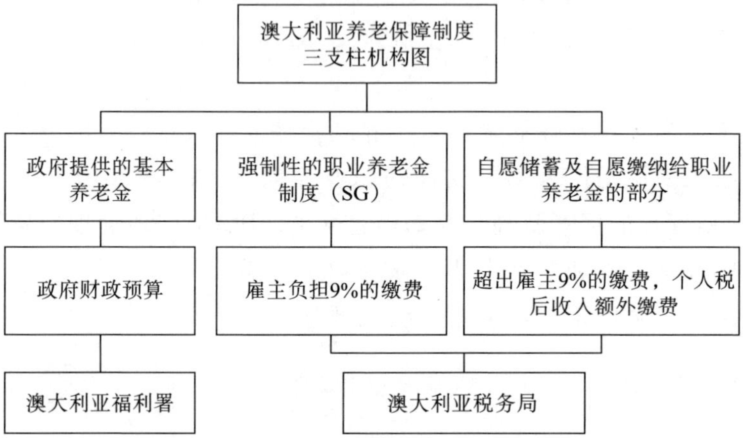

图 2.1　澳大利亚养老保障制度三支柱结构

2.1.3.1　基本养老金

澳大利亚的基本养老金体系以非缴费形式运营，一般由税收收入提供资金。65 岁以上的澳大利亚公民需要通过经济状况调查后才能获得由政府提供的福利。

根据规定，目前养老金发放标准为每两周向单身人士支付 670.90 澳元，向夫妻双方支付 505.70 澳元。这不包括经过经济情况调查可能发放的养老金补助金，该补助金每两周最高可向单身人士支付 58.40 澳元，向夫妻双方合计支付 88.00 澳元。

除了这种基本养老金之外，政府还通过《2006 年未来基金法》设立了“未来基金”。该基金的设立是为了应对公共部门的养老金负债风险，其财务状况受预算盈余和电信公司电信业务私有化的影响，该基金 2010 年持有 673.5 亿美元的资产。

根据法案的规定，除会议运营成本外，除非“未来基金”余额超过《2006 年未来基金法》规定的目标资产水平，否则在 2020 年之前将不会从“未来基金”中提取资金。除军事退休金计划外，大部分公共福利计划（退休金计划）现已取消，全额资助计划已覆盖养老计划的新参与成员。

2.1.3.2 职业养老金

澳大利亚在 1992 年推行强制措施，向当时 17—70 岁且每月收入超过 450 澳元的所有雇员强制推行养老基金制度。这是一个缴费确定型（DC 型）制度，明确养老基金的最低缴费。在强制退休金制度出台之前，待遇确定型（DB 型）制度是比较流行的职业养老金制度。

澳大利亚有多种退休金基金，包括全行业基金和零售基金。这些基金是由金融服务提供者向公众和雇主提供的，雇员可以自愿缴款，而雇主每年的支付上限为 50 000 澳元。政府每年要为雇员增加 1.5 倍的缴款，至少达到 1 000 澳元。这笔缴款是为年收入在 58 980 澳元以下的雇员缴纳的，雇主缴费可以在一定的限额内扣税，而雇员自愿缴款则有权享受有限的税收减免。

2.1.3.3 个人养老金

个人退休储蓄账户（RSA）是由存款机构或人寿保险公司提供的低成本养老金计划，其适用与养老金账户相同的税收规定。

2.1.4 智利的养老保障体系

智利是第一个创建社会保障新模式——“DC 型强制性个人账户养老金计划”的国家，这一制度在日常生活中还被广泛称为“私有化”改革。因其特殊性和典型性的意义，这种完全私有化的养老金模式被称为“智利模式”，过去几十年内在全球范围内掀起改革浪潮，引发了一轮制度创新。

1981 年，智利率先建立了以个人资本化账户为基础的私营养老金计划，以替代现收现付制的社会统筹保险模式。在制度特点上，智利的养老金制度是一种 DC 型的完全积累制模式。其核心特点是：引入个人账户，雇主和雇员的缴费全部进入个人账户，参保人实现自我积累；建立专门的养老金管理公司进行市场化、多元化和国际化的投资；参保人全权负责账户资产的配置与投资决策。

私营养老金计划自 1981 年 5 月起开始正式实施，其改革的几大内容是：①为每个雇员建立养老金个人账户，雇员每月必须至少将工资的10%存入该账户，缴纳上限为60 Unidadesde Fomento（UF）[①]，明确养老金个人账户属于个人的财产。②成立以管理养老基金、提供退休金为目标的养老保险基金管理公司（Pension Fund Administrators，AFPs），负责缴费收集、账户管理，并在政府的相关要求下负责基金的投资运作。自2002年起，AFPs为雇员设立风险收益特征不同的A、B、C、D、E五只投资基金，供个人进行选择。③成立独立的政府机构——养老基金监管局（SAFP），负责对AFPs的监管和授权，并且由政府提供最低养老金保障。④雇员自由选择AFPs，并能在任何时间更换AFPs，退休时由账户积累资产转化的年金或按计划支取养老金。对于向私营养老金计划过渡的转轨成本问题，智利政府采取发行认购债券的方式对原体制下个人历史缴费形成的养老金权益予以确认。

实施私营养老金计划后，智利的养老保障体系形成了三大支柱体系结构，如表2.3所示。

表2.3　　智利养老金改革后形成的三大支柱体系

第一支柱： 针对贫困人口的再分配作用	家庭调查型的社会救助养老金（PASIS） （针对未加入养老金计划者） 最低养老金保障（MPG） （针对加入养老金计划的低收入人群）
第二支柱： 强制性个人储蓄，实现收入替代	DC型强制性个人账户养老金计划， 由私营AFPs投资运营，个人承担投资风险
第三支柱： 自愿性个人储蓄，补充作用	政府提供一定的税收激励，鼓励雇员进行补充养老储蓄

自智利实现养老金“私有化”改革以来，养老金运营取得了较为明显的成效，但也逐步暴露出一些问题。其中，最为突出的有两大问题：一是覆盖面窄，由于社会最低养老金领取门槛较高，有较高比例的人口被排除在养老金体系之外，第一支柱起到的再分配作用有限；二是成本过高，高昂的养老金管理费用和佣金会引发诸多社会福利的损失，养老基金管理行业却得益于行业壁垒获得了丰厚回报。

① UF为指数化的智利货币单位，其值不受通货膨胀影响，1UF折合约2 427美元。

基于此，2008年3月智利总统签署了养老金改革法案——第20255号法案，并于同年6月开始实施。这是对1981年的制度改革进行的一次调整式再改革，本次再改革仍在市场运营、个人账户完全累积制的框架下进行，重点在于解决1981年制度改革后暴露出的核心问题。此次改革的核心内容包括：①做强第一支柱，引入“普享型”养老金支柱——社会团结养老金，强调“非缴费型制度”与“缴费型制度”的融合[①]；②扩大养老保障体系的覆盖面，强制规定自雇者及非正规部门就业者加入个人账户制体系，为加入自愿性个人储蓄计划的员工和企业提供税收优惠与补贴激励，同时对雇用年轻人的雇主和年轻雇员进行补贴，以激励年轻人加入；③凸显养老金体系的再分配效应，促进性别平等，为女性提供额外的津贴补助以提高其养老金待遇，要求AFPs根据性别设定差别化的保费费率，对男性收取较高保费，避免女性参保者对男性的逆向补贴；④重点对私人AFPs的基金管理与投资进行改革。首先，促进养老金管理行业的竞争，提高运营效率，包括降低养老金管理费用、允许部分功能业务外包、允许保险公司经营养老金管理业务及降低行业门槛；其次，增加投资的灵活性，逐步放宽投资限制，特别是放宽对海外资产投资的上限规定[②]；最后，成立社会保障教育基金，向民众普及金融知识。

2.1.5 俄罗斯的养老保障体系

俄罗斯养老金体系经历了数次改革，最终形成了现行的三支柱体系。其中，2002年的改革设立了劳动养老金计划，奠定了三支柱体系的基础，2010年改革的核心则是将统一社会税改革为强制性缴费。由此，劳动养老金的资金来源全部由雇主缴费构成，缴费率定为26%，其中10%进入基本部分，16%进入保险积累部分。

---

① 非缴费型的基础团结养老金（PBS）替代了基于家计调查的社会救助养老金，养老金团结补充计划（APS）替代了最低养老金保障，为有缴费记录但积累达不到最低标准人群提供补充，补贴金额随个人筹资水平增强而减少，但整体养老金待遇水平随个人筹资水平增加而增加。

② 上限规定从过去的45%提高到80%。

2.1.5.1 国家养老金

第一支柱是指国家养老金制度，包括社会养老金、军人及其家庭养老金两块。社会养老金，是国家提供给不能享受劳动养老金（第二支柱）的老年人、残疾人和缺少赡养人的社会群体的养老金。军人及其家庭养老金由国家提供给在战争中伤残的人员、“卫国战争”参战人员、“卫国战争”殉国者遗孀和牺牲军人的父母等群体。国家养老金的资金来源是财政预算转移，无须被保险人缴费；养老金给付金额相对固定，但也会不定期增加。

2.1.5.2 劳动养老金

第二支柱是指劳动养老金制度。劳动养老金制度是强制性的，覆盖所有受雇人员（包括公务员、公私企业雇员和农民）和自雇人员，分为基本部分、保险部分和积累部分，分别实行不同的制度安排。在2010年改革后，第二支柱缴费率总计为26%。

①基本部分。劳动养老金的基本部分实行现收现付制。资金来源原先为统一社会税（UST），2010年改为缴费方式，缴费率为10%（年收入超过41.5万卢布的部分不需缴费）。给付金额固定但并非一直不变，也并非对所有受益人都完全相同。一是给付金额根据通货膨胀水平、联邦预算状况以及俄罗斯养老基金（PFR）的资金情况进行定期调整；二是给付金额会区分老年退休养老金、残疾退休养老金和遗属养老金三种不同类别以及其他附属条件（如被赡养人数量、残疾等级等）而有所不同。老年退休养老金的领取条件是：男性60岁，女性55岁，至少参加保险5年。残疾退休养老金和遗属养老金的领取条件分别是参保人出现残疾和参保人死亡。

②保险部分和积累部分。劳动养老金的保险部分和积累部分，分别实行名义账户制和个人账户基金积累制。资金来源一直是雇主缴费，但缴费率经过数次变动。2010年改革将这两部分的缴费率定为16%（年收入超过41.5万卢布的部分不需缴费）。其中，1967年以前出生人群的缴费全部进入保险部分（个人名义账户）；1967年以后出生人群的缴费，10%进入保险部分（个人名义账户），6%进入积累部分（个人积

累账户）。为增加积累部分的资金来源，2008 年出台的《养老储蓄金补充保险缴费和国家支持设立养老储蓄金法》规定职工可将自己一部分工资自愿存入个人积累账户，国家配缴相同金额的资金。对自雇人员不设定缴费率，其只需上缴固定金额的保费。

养老金给付有两种确定方式，一种是根据相关公式计算确定，另一种是根据通货膨胀水平或月平均工资增幅进行指数化调整。保险部分的计算公式是：养老金月度给付额 = 名义账户积累额/预期支付月数。名义账户积累额取决于缴费总额、其他收入（如财政补贴）、2002 年 1 月 1 日前虽未缴费但因工作而获得的养老金权利等。积累部分的计算公式是：养老金月度给付额 = 积累的养老金资产/预期支付月数。保险部分和积累部分的领取条件与基本部分相同。

2.1.5.3　私人养老金

私人养老金是自愿性补充养老保险，主要是指非国家养老基金（NPF）。非国家养老基金是独立的法人实体，既有 DB 型也有 DC 型，但以 DC 型为主。非国家养老基金，既可以是个人账户，也可以是统一账户；资金既可来源于雇主缴费，也可来源于个人缴费；养老金给付方式一般是终身年金或有期限年金，不允许一次性提取。

2.1.5.4　国家财富基金

国家财富基金是俄罗斯两只主权财富基金之一，另一只是储备基金。这两只基金由石油稳定基金于 2008 年分设而成，与俄罗斯养老金体系直接相关的是国家财富基金。

国家财富基金属于联邦财政资产的一部分，其主要使命是支持俄罗斯联邦养老金体系，以保证其长期稳健运行，首要任务是为俄罗斯公民的自愿养老金储蓄提供配比资金，同时保持俄罗斯养老基金（PFR）的收支平衡。

国家财富基金主要来源于联邦财政预算的石油和天然气收入。按照联邦法案规定，每财年联邦财政预算的石油和天然气收入先用于财政预算支出，资金规模等同于相应年份预计 GDP 的 3.7%；余下的资金划入储备基金，资金规模不得超过相应年份预计 GDP 的 10%；若还有剩余，将全部划入国家财富基金。从性质上说，国家财富基金不是独立的主体，其与储备基金、联邦财政预算的石油和天然气收入分别存放在财政部开立在俄罗斯央行的相互独立的存款账户中。

2.1.6 德国的养老保障体系

德国是现代社会保障制度的发源地。以 1891 年 1 月 1 日开始生效的《老年和残疾社会保险法案》为标志，德国正式开始实施社会（养老）保险制度。经过一百多年的演变、改革和发展，德国养老金计划日趋复杂多样，目前大致分为四支柱：零支柱、第一支柱、第二支柱和第三支柱（见表 2.4）。

表 2.4　　　　德国养老金体系基本架构

<table>
<tr><td>第三支柱</td><td colspan="6">个人养老金计划</td></tr>
<tr><td>第二支柱</td><td colspan="4">职业养老金计划</td><td rowspan="3">专业人士养老金计划</td><td rowspan="3">公务员养老金计划</td></tr>
<tr><td rowspan="2">第一支柱</td><td rowspan="2">农民养老保险计划</td><td colspan="3">强制性养老保险计划</td></tr>
<tr><td>蓝领雇员</td><td>白领雇员</td><td>自雇人员</td></tr>
<tr><td>零支柱</td><td colspan="6">收入低于一定水平的 65 岁及以上人口和残疾人</td></tr>
</table>

2.1.6.1 零支柱

德国于 2003 年开始引入零支柱，即为 65 岁及以上人口和残疾人提供的财政转移支付。受益人无须缴费，但收入须低于一定水平才有资格领取。零支柱需要以收入调查为基础，与社会救助相似，区别在于社会救助的对象是贫困线以下人口。

2.1.6.2 第一支柱

①基本构成。第一支柱主要由四个不同的养老金计划构成，分别覆盖不同人群。强制性养老保险计划（GRV）覆盖所有德国受雇人员（白领雇员以及包括矿工在内的蓝领雇员）、一部分自雇人员（包括强制参加和自愿参加）以及其他自愿参加的人群。强制参加 GRV 的自雇人员主要包括手工业者、自雇类教师、演讲师、保育员、护理员、助产士、零售店主、演员和出版业人员以及其他一些自雇人员。未被强制要

求参加 GRV 的自雇人员以及家庭主妇等，可自愿申请参加 GRV。GRV 实行现收现付制，资金来源包括雇员和雇主缴费以及联邦预算补贴。农民养老保险计划主要覆盖农民，目前实行现收现付制，资金主要来源于税收收入。公务员养老金计划覆盖公务员，目前实行现收现付制（正在转向基金积累制），资金主要来源于税收收入。专业人士养老金计划主要覆盖法官、律师和医生等，主要实行基金积累制，资金来源于个人缴费。

②GRV 计划的主要内容。在资金来源上，GRV 严格遵循以支定收的现收现付原则，但保留少量临时应急储备基金，基金规模不低于月度养老金支出的 0.2 倍，不超过 1.5 倍。联邦政府每年提出一份关于养老保险问题的报告，对以后 15 年的养老保险收支进行预测，并据此调整缴费率。德国政府已于 2001 年决定，在 2020 年前将缴费率控制在 20% 以内，2030 年前控制在 22% 以内。目前，受雇人员的养老保险缴费率为 19.9%，雇主和雇员各缴一半（9.95%）；自雇人员缴费率为月收入的 19.9%，不低于 79.6 欧元，不高于 1 054.7 欧元（东部地区为 895.5 欧元），也可按照为 494.52 欧元（东部地区为 417.9 欧元）进行固定金额缴费。除缴费外，联邦政府通过 1% 的增值税和生态税税收给予一定的补贴，补贴数额取决于参保者上一年度毛工资和收入总额的变化情况。

关于养老金领取条件，目前法定退休年龄（无论男女）为 65 岁，连续缴费至少 5 年才能领取养老金。法定退休年龄将逐步从 2012 年的 65 岁增加到 2029 年的 67 岁（2024 年之前每年增加 1 个月，2024 年之后每年增加 2 个月）。若缴费满 35 年，可在 63—65 岁（2029 年为 67 岁）之间办理提前退休，但养老金给付水平要相应下调，即每提前退休一个月，月养老金下调 0.3%，但最高不得超过 14.4%。推迟到 65 岁（2029 年为 67 岁）以后退休，养老金给付水平则要上调，即每推迟退休 1 个月，月养老金上调 0.5%。

2.1.6.3　第二支柱

第二支柱主要是指职业养老金计划，传统上是自愿型的。从 2002 年起，雇员有权要求将其部分收入存入职业养老金计划，此时雇主必须提供某种形式的养老金计划。职业养老金计划因此具有了一定强制性，但其具体形式并没有强制性规定，目前主要有五种类型：直接承诺、直接保险、专门养老基金、养老基金、支持基金。

直接承诺，是指雇主仅承诺在雇员退休后向其支付养老金，但一般没有专门的养老金资产，雇主将从企业其他资产（如流动资金）中支付养老金。

直接保险，是指雇主代表雇员与商业保险公司签订养老或人寿保险合同，并支付保险费。雇员享有该合同下的保险权益，在退休时可从保险公司领取养老保险金。

专门养老基金，是指专为一个或多个雇主提供养老金服务的特别保险公司，可以是互助保险协会，也可以是合股保险公司，多由银行、保险公司、投资基金等金融服务提供商设立。

养老基金，是以合股公司或互助养老基金协会形式成立的独立法人实体，可由单一公司、金融服务提供商、雇主协会和工会发起的行业养老金计划设立。它是在2001年里斯特（Riester）改革后开始设立的。

支持基金，是以协会、有限责任公司或基金会形式（后两者不太常见）成立的独立法人实体。可由单一公司设立一只支持基金，也可由数家公司设立一只联合支持基金。雇员对发起支持基金的雇主拥有直接的养老金权益。

政府通过税收减免方式鼓励第二支柱的发展。雇员存入职业养老金计划的这部分收入，可免予缴纳所得税和社会保险。2010年，雇员可免征所得税的此项收入为4 440欧元，可免缴社会保险费的此项收入最多可达2 640欧元。

2.1.6.4 第三支柱

第三支柱是个人养老金计划，属于自愿型基金积累制，也称为里斯特养老金计划。第三支柱具体包括银行储蓄计划、个人养老保险合同和投资基金储蓄计划三种形式，分别由银行、保险公司和投资基金提供，适用于不同年龄段和风险偏好的人群（具体内容详见2.2.6）。

2.1.7 荷兰的养老保障体系

荷兰的社会保障立法由荷兰议会中的社会事务委员会负责，社会保险可分为国家保险和行业保险两大类。其中，国家保险范围内的三个主要险种——养老保险、寡妇和孤儿保险、儿童保险均由社会保险银行承担。

社会保险银行由总部、计算中心、保险局和 22 个地方局组成，其政策是由雇主、雇员、政府三方代表组成的董事会制定，社会保险银行是执行机构，荷兰社会保险委员会负责监督社会保险银行的日常工作。

目前，荷兰实行的养老保险制度自 1957 年 1 月 1 日起开始实施，是荷兰社会保险计划中实施最早、覆盖范围最广的一项制度。

荷兰的养老保险由养老金、企业补充养老金和个人储蓄养老保险三部分构成。

居住在荷兰的居民，无论其收入状况和国籍，只要年满 65 周岁并在社会保险银行投保缴费，均有资格获得标准统一的养老金；不在荷兰居住，但在该国工作并按时纳税的民众通常也可以获得养老保险金。

缴费基数是扣除其他社会保险缴费后的毛收入，目前的缴费比例如下：国家养老保险费为 15.4%，企业补充养老保险费平均为毛工资的 8.25%。工资收入中用于缴纳国家养老保险费的部分免征个人所得税，但在领取国家养老金时与其他收入合并征收个人所得税。

养老保险金计发办法为：15—65 岁，每投保 1 年，可享受全额养老金的 2%；投保 50 年，可享受全额养老金。养老金的支付按未婚、单亲家庭、已婚（包括同居）三个层次分别按不同标准计发。同时，养老金领取者在每年 5 月还可以领取一次假日津贴。

国家养老金水平与最低工资标准挂钩，养老金待遇平均为最低工资的 55% 左右，相当于平均工资的 1/3。其中，65 岁以上单身老人的国家养老金为最低工资的 70%；有配偶老人的本人国家养老金标准为最低工资的 50%，且若其配偶在 65 岁以下则为最低工资的 20%，超过 65 岁为最低工资的 50%。

2.1.8　丹麦的养老保障体系

2012—2017 年度，墨尔本美世全球养老金指数（Melbourne Mercer

Global Pension Index）排行榜显示，丹麦的养老金保障体系 6 年蝉联第一[1]。作为丹麦福利政策的核心，丹麦的养老金制度包括政府养老金制度、劳动力市场补充养老金制度和综合养老金制度三类。

政府养老金制属于国家性质，包括基本养老金、附加养老金、单身老人特殊追加津贴以及其他情况下申请的个人补贴等；劳动力市场补充养老金制度属于集体性质，是由劳资双方每月按时缴纳的一种基金，其比例是雇主缴纳 2/3，雇员缴纳 1/3；第三类为综合养老金制度，包括私人养老基金、养老保险等。

丹麦政府养老金制度规定，年满 67 岁的丹麦公民均可享受国家提供的政府公立养老金，单身老人每人每年可以领取 105 399 丹麦克朗，其中基本养老金为 52 524 丹麦克朗，附加养老金为 52 875 丹麦克朗；婚配、同居老人每人每年可以领取 77 196 丹麦克朗，其中基本养老金为 52 524 丹麦克朗，附加养老金为 24 672 丹麦克朗。劳动力市场补充养老金制度和综合养老金制度通过一系列计划实现，包括劳工市场附加养老金、特别养老金储蓄、预储养老金受益者的劳工市场附加养老金、劳工市场养老金和个人养老金储蓄等计划。丹麦的养老金制度保障了丹麦老年人口安适的晚年生活，得益于完善的养老制度，丹麦近年来在世界幸福指数排行榜中一直名列前茅。

2.1.9 加拿大的养老保障体系

加拿大的养老保障体系由加拿大养老金计划、补充养老保险计划以及老年收入保障计划构成。加拿大养老金计划诞生于 1965 年，包括加拿大养老金计划（CPP）和魁北克养老金计划（QPP）。加拿大养老金计划以就业和半就业人口为保障对象，强制要求雇主和雇员共同缴费形成养老基金，用于支付该计划下退休雇员的养老金，主要目的是维持退休后老年人口的基本生活，替代率约为 25%。加拿大养老金计划向老年人支付的养老金包括基本养老金和补充养老金两部分，基本养老金按照退休前收入和缴费的总年份计算，补充养老金根据参保人或其配偶是

---

① 丹麦的养老金保障体系在欧盟中排名第一。

否死亡、残废、无生活能力、孤寡、抚养子女等因素确定。加拿大养老金计划的基金征缴部门为加拿大税务局（CRA），养老金发放部门为人力资源和开发部。

加拿大的补充养老保险计划包括注册养老金计划和注册退休储蓄计划，用以提高老年人口的收入水平。注册养老金计划是雇主自愿为雇员建立的养老保险计划，由雇主和雇员共同缴费，经税务机构注册认可可以享受税收递延，替代率约为30%。该计划同样鼓励老年人口推迟领取养老金的年龄，如果在退休年龄之前领取则下调养老金水平，延迟领取则会提升养老金水平。注册退休储蓄计划是个人自愿建立并缴费的税收递延型储蓄养老计划，目的是鼓励中高收入人群合理安排不同人生阶段的财产分配情况，便于提升退休后的收入水平。该计划采用市场化的方式运作，个人可以在银行、保险公司、信托公司、基金公司等有资质的单位开设退休储蓄计划账户，定期存入资金。

此外，加拿大老年收入保障计划通过收入再分配的方式，向老年群体免费提供一定额度的养老金，在养老保障体系中发挥“兜底”作用。该计划的资金来自联邦政府的财政收入，以政府财政转移支付的方式，向老年群体发放。鉴于老年群体原有财产和收入水平的差异，老年收入保障计划涵盖三个具体项目，其中，老年保障金面向全体老年人口发放，替代率约为15%；老年收入保障补贴面向低收入老年群体发放，避免其在领取老年保障金之后仍然陷入贫困；其他补贴，如配偶补助（SPA）、丧偶配偶补助（WSPA）等则面向有特殊困难的老年群体发放。近年来，随着老年人口数量的不断增加，加拿大政府支付养老金的财政压力逐渐加大，其正在探索以提高老年保障金领取年龄要求为主要措施的改革。

从加拿大的养老保障体系来看，由政府组织建立的老年收入保障计划、加拿大养老金计划和魁北克养老金计划主要用于满足老年人口的基本生活需要，替代率约为50%；由雇主和雇员自愿缴纳的补充养老保险计划属于提高老年人口收入水平的养老金计划，满足不同收入人群的多元化养老需求，替代率约为40%。总体来看，加拿大各项养老保障计划执行严格的精算机制、投资机制和信息披露机制，运行效果良好。

2.2 各国个人养老金账户制度

在养老保障体系较为成熟的国家和地区，第三支柱大多以个人养老金账户为基础并结合税收优惠政策，着力鼓励个人进行养老保障储蓄和投资。本书具体分析若干主要国家第三支柱计划中个人养老金账户的制度框架。

2.2.1 美国：个人退休账户（IRA）

20 世纪 20 年代末，美国爆发多次经济危机，经济“大萧条”给社会发展带来了很多不稳定因素，失业人口激增等因素促使美国建立社会保障制度，罗斯福新政中提出和颁布的《社会保险法》是奠定了美国社会保障制度的基础。之后，随着美国步入老龄化社会，由于人均收入的不断增长、居民储蓄率持续较低，公共养老金计划已难以为日益庞大的老年人口提供足够的生活保障。

在此背景下，美国养老金的第三支柱于 1974 年在《雇员退休收入保障法案》基础上引入，面向所有纳税人，特别是中等收入群体及个体经营者的个人退休账户。这是一种由美国联邦政府以相应的税收优惠作为激励条件，同时个人自愿参与的补充性养老金计划。与必须由雇主发起设立的企业年金计划不同，IRA 计划允许所有纳税人参与，且特别适用于中等收入群体及个体经营者，进一步完善了美国养老保障体系。

作为美国养老体系的第三支柱，IRA 规模已超过了 DC 型计划，成为 1980—2010 年美国养老金资产持续增长的最主要来源。截至 2018 年年末，美国 IRA 市场规模已达到 8.8 万亿美元，在美国养老金规模中占 33%。2018 年中期，全美家庭中，共 4 260 万个家庭参与了任意一种 IRA 计划，26% 的家庭（3 320 万个）参与了传统 IRA 计划，17.6% 的家庭（2 250 万个）参与了罗斯 IRA（Roth IRA）计划。[①]

---

① 资料来源：《美国基金年鉴 2019》。

美国IRA计划主要包括传统IRA、罗斯IRA（Roth IRA）和雇主发起式IRA［简易员工养老计划（SEP IRAs）、工薪减税简易雇员养老计划（SAR－SEPIRAs）和激励雇员储蓄计划（SIMPLE IRAs）］三种类型。传统IRA所占份额最大，占全部个人退休账户的26%；罗斯IRA占比为17.6%，尽管所占份额相对不大，但其在不断增长，雇主发起式IRA占比为5.9%，其他IRA占33.4%。

美国的IRA的制度框架如表2.5所示。

表2.5　　　　美国IRA制度框架

账户操作	通过银行或美国财政部批准，个人可以在开展保管业务的非银行机构设立账户，且指定其作为受托人或保管人。IRA没有全国统一的账户管理平台，各开户机构自设平台管理客户数据，并根据需要向监管部门提供数据。IRA刚推出时，个人主要选择在银行开户，在其发展成熟后，共同基金成为主要管理人。 账户持有人按月主动缴费，根据不同类型的IRA选择缴费时扣税或者领取时扣税，并通过为其开户的保管人平台查看账户信息。当持有人达到领取条件后，可通过保管人直接领取
产品设计	IRA对投资不设准入门槛，可投资于债券、共同存单、股票、共同基金、免佣金的共同基金、变动年金、免佣金的变动年金以及其他多种投资工具。IRA也可以用于申请贷款购房
投资运作	IRA的持有人直接掌握个人退休账户资产的投资管理，不受雇主或任何组织单位控制。保管人及账户服务机构只提供投资建议，不承担信托职责。 IRA实质上是一种基金积累模式下存在的储蓄投资账户。根据美国《国内税收法典》第408条规定，具有相应资格的第三方金融机构（银行、投资公司等）能够为客户管理IRA计划。IRA计划的账户必须以信托或代管账户的形式在美国境内设立，信托人或代管人必须是银行或类似的金融机构
税收模式	传统IRA适用税收递延政策，个人在税前将一定额度的收入存入个人账户，账户内的资金及相应的投资收益都可以在以后期间纳税。当个人达到法律规定年龄（59.5岁之后）时，可以从账户领取资金并按当时税率缴纳个人所得税（EET模式）
	罗斯IRA采取个人税后收入存入账户的缴费方式。一般情况下，银行储蓄利息、股票和债券的投资收益等在美国现行税法下应当缴纳个人所得税，但是罗斯IRA的账户资金及产生的投资收益（含投资分红、利息等）均予以免税（TEE模式）

美国针对不同类型的IRA采取不同的税收激励措施，具体规定如表2.6所示。可以总结为，使用传统IRA可以在缴费环节享受相应税收优惠政策，使用罗斯IRA可以在资金支取环节享受相应税收优惠政策。此外，在一定条件下，个人可以将雇主养老金计划资产转入IRA，转移资金可以享受税收减免政策。无论哪种方式，税收优惠都只针对放入IRA的资金，在资金缴纳或支取时实现，与选择何种投资产品无关。这样的制度设计能够真正实现税收公平，同时促进私人养老金发展。

表2.6　　　　美国IRA缴税方式

	传统IRA（EET模式）	罗斯IRA（TEE模式）
参与者资格限制	（1）年龄不超过70.5岁； （2）参与的金额来自劳动、服务取得的收入，包括：工资或薪金、佣金、自雇收入、赡养费	（1）无年龄限制，即年龄超过70.5岁的人群也可以参与 （2）根据税收调整后的个人总收入设立准入门槛及拟投入的资金额度，高收入的人群不能参与
缴费方式	税前缴费	税后缴费
税收优惠	税收递延：存入账户的本金从个人应税所得中扣除，支取投资收益及本金的同时按取款时的税率缴纳税金	投资收益税收减免：若账户开立五年以上且按期缴纳了年金，则该账户的投资收益予以免税
免税限额	50岁以下的个人免税额度为5 000美元/年；50岁以上的个人免税额度为6 000美元/年	根据税收调整后的个人总收入，设立个人缴费额度。50岁以下的个人免税额度为5 000美元/年；50岁以上的个人免税额度为6 000美元/年
本金是否从应税所得中扣除	未婚参与者：调整总收入（AGI）在5万美元以下的可以全部扣除；调整总收入为5万—7万美元的最大免税额为“4 000－（AGI－5）×0.4”万美元；调整总收入在7万美元以上的不能扣除 已婚参与者：调整总收入（AGI）在8万美元以下的可以全部扣除；调整总收入为8万—10万美元的最大免税额为“4 000美元－（AGI－8）×0.4”万美元；调整总收入在10万美元以上的不能扣除	否，本金来自税后收入

续表

	传统 IRA（EET 模式）	罗斯 IRA（TEE 模式）
是否可以提前取款	一般情况下，账户拥有者在 59.5 岁前取款，除按法规缴纳相应税金外，还需支付 10% 的罚金	任何时候支取本金都无须缴纳或支付罚金；存款者年龄达到 59.5 岁且账户开立 5 年后按规定支取投资收益也无须缴税；需要资金用于首次购买住房时可以一次性提取一万美元而无需支付任何罚金
取款时是否要缴税	是，按照取款时的税率缴税	否
有无最低取款要求	账户拥有者在满 70.5 岁后的次年 4 月 1 日起，必须从账户中提取出限额以上的退休金	无

自 1994 年《雇员退休收入保障法案》提出建立养老金第三支柱起，《国内税收法典》《经济复兴税法》等税收法案就 IRA 的适用范围、账户类型、缴费和税收减免等进行了明确规定，具体如表 2.7 所示。

表 2.7　　历次立法中不断完善的 IRA 制度

年份	法规法条	影响
1974	《雇员退休收入保障法案》(Employee Retirement Income Security Act, ERISA)	确立第一个 IRA（传统 IRA），明确提出：一是为没有被退休计划覆盖的个人提供税收优惠储蓄计划；二是当雇员工作变动或退休，允许雇员将雇主发起的退休计划资产转入 IRA
1978	《国内税收法典》(The Revenue Act, ERTA)	提出小企业可成立简易式雇员退休金（Simplified Employee Pension, SEP）IRA
1981	《经济复兴税法》(Economic Recovery Tax Act, ERTA)	提出实行“覆盖全体雇员的”IRA，即允许所有有收入来源且年龄低于 70.5 岁的雇员参加 IRA
1986	《1986 年税制改革法》(Tax Reform Act of 1986)	提出超高收入者的缴费不享受税收减免优惠
1996	《小企业工作保护法》(Small Business Job Protection Act)	设立针对小企业主的 IRA，允许配偶一方为夫妻联合的 IRA 缴纳更高比例费用

续表

年份	法规法条	影响
1997	《纳税人税收减免法》(Taxpayer Relief Act)	提出罗斯 IRA 和教育 IRA，允许不可抵扣的缴费进入账户且在后期领取时免除税收罚金，允许在一定条件下免税提前领取
2001	《经济增长与税收减免调整法》(The Economic Growth and Tax Relief Reconciliation Act)	提出提高 IRA 缴费限额，并且针对 50 岁以上的参与人制定特殊的“追加缴费（Catch-up)”条款。 2002 年，教育 IRA 变为 Coverdell 教育储蓄账户，可以支付中小学教育费用
2006	《养老金保障法案》(Pension Protection Act)	一是提出对 70.5 岁以上参加者实施免税优惠；二是储蓄抵免（Saver's Credit)，针对低收入群体实施所得税抵免政策

美国第三支柱的监管机构主要涉及美国财政部、美国国税局（IRS)、证券交易委员会（SEC）及金融监管局（FINRA，自律组织）等，其中财税部门起主导作用，财政部制定顶层制度，IRS 负责实施。机构职责具体如下：

财政部负责制定 IRA 计划的税收优惠政策，IRS 负责解释并实施《美国国内税收法》及其他相关法律中适用于 IRA 的有关税务规定，并对 IRA 实施过程中资金缴纳及领取阶段的涉税流程起主要督导作用。IRS 网站中明确提供 IRA 的指导说明，包括可进入账户的资金类别、缴费限额，账户转移及领取的纳税规定等①。

SEC 及 FINRA 主要在 IRA 资金的投资阶段进行监管，制定并解释证券交易业务的相关法规。在美国，SEC 负责对基金公司、基金产品的监管，而基金产品主要通过经纪交易商进行销售，经纪交易商在 FINRA 注册成为会员，接受 FINRA 的规范和业务指导（银行可通过成立子公司获得经纪商牌照)。美国对 IRA 的投资几乎不设限制，SEC 和 FINRA 对养老金投资运作的监管与其他资产管理业务的监管没有区别。

美国劳工部（DOL）基本不参与第三支柱的监管，主要是就《雇员退休收入保障法案》等法规中不适用于第三支柱的条文进行解释，

① 指导说明参见美国国税局网站：https：//www.irs.gov/publications/p590a/ch01.html。

大部分 IRA 不受 DOL 直接管理。

2.2.2 英国：个人储蓄账户（ISA）

英国的养老金体系主要由国家养老金、职业养老金和个人养老金“三支柱”构成，目前仍在改革当中。英国从 2012 年开始建立国家职业储蓄信托（National Employment Savings Trust，NEST），并引入了全国统一的账户管理平台，个人通过个人储蓄账户（Individual Savings Account，ISA）参与个人养老金计划。ISA 主要由商业银行、资产管理公司和在线投资平台提供，投资者开设账户后可自由选择投资产品。

ISA 属于第三支柱范畴，通常分为现金存款 ISA 和证券投资 ISA 两类，每人在同一个财政年度只能拥有一个现金存款 ISA 和一个证券投资 ISA，开户申请过程中需要提供国民保险号码。证券投资 ISA 可以投资股票、开放式基金、信托、债券、ETF 等。目前，该账户投资范围还在继续扩大，从 2016 年 4 月 6 日开始，英国将把 P2P 投资纳入 ISA，并享受配套的免税优惠政策。从目前来看，ISA 中选择投资公募基金并长期持有的人相对较多。ISA 实行 TEE 模式的税收优惠政策，在储蓄环节征税，投资收益和领取环节免税，享受税收优惠的上限为每年 15 240 英镑。英国的 ISA 制度框架如表 2.8 所示。

表 2.8 英国个人储蓄账户制度框架

账户操作	个人通过 ISA 参与个人养老金计划。ISA 主要由商业银行、资产管理公司和在线投资平台提供，投资者开设账户后可自由选择投资产品。 ISA 属于第三支柱范畴，通常分为现金存款 ISA 和证券投资 ISA 两类，每人在同一个财政年度只能拥有一个现金存款 ISA 和一个证券投资 ISA，开户申请过程中需要提供国民保险号码。ISA 对领取规则没有规定，账户所有人可随时变现提取账户资金
产品设计	证券投资 ISA 可以用于投资债券、股票、信托、开放式基金、交易型开放式指数基金（ETF）等。目前，该账户投资范围还在继续扩大。自 2016 年 4 月 6 日起，英国把 P2P 投资纳入 ISA，享受配套的免税优惠政策。从当前的投资总体状况来看，以目标日期基金为代表的产品对投资者吸引力较高

续表

投资运作	英国第二支柱、第三支柱的养老金缴费者自2012年起均可加入国家职业储蓄信托（NEST），通过对该信托投资以获取收益。由于NEST管理费率较低，有力吸引了中低收入者的参与。 目前，国家职业储蓄信托（NEST）没有金融牌照，发行并管理的产品均采用基金中的基金（FOF）的形式运作，主要投资于发达国家的股票市场、具有稳定收益的全球债券市场。其中，以美国、德国等高信用评级国家的债券市场为主。 NEST设有受托委员会，其自由选择基金的投资策略需经受托委员会批准同意
税收模式	ISA实行EET模式的税收优惠政策，免税限额为每年15 240英镑，从2017年4月起提高到每年20 000英镑。参与者存入养老ISA中的资金，不超过免税限额的部分在储蓄和投资环节免税，自2017年4月6日起，可以获得存入金额25%的政府补贴。个人从ISA中领取养老金时，可以免税领取养老金25%的部分，这部分资金既可以一次性取出，也可以分批次领取，超出25%部分需要缴税

英国的养老金体系较为完善，英国劳工部（DWP）、养老金监管局（TPA）主要监管职业年金，而第三支柱的主要监管机构为英国税务海关总署（HMRC）、金融市场行为监管局（FCA）、审慎监管局（PRA）。由于英国第二支柱、第三支柱逐渐呈现融合趋势，因此存在交叉监管的情形。机构职责具体如下：

HMRC负责养老金税收优惠政策的制定和实施，各类养老金计划必须在总署注册后才能获得减税资格。

DWP主要负责养老金缴费、领取的相关政策的制定。TPA和PRA还负责对养老金受托管理和投资管理进行监管。

PRA负责对吸收存款机构（包括银行、住房贷款协会和信用社）、保险公司和大型投资公司（证券公司）进行审慎性监管；FCA负责对上述主体进行行为监管，同时也负责对一般投资公司、投资交易所（证券交易所）及其他金融机构（如保险经纪公司、基金管理公司等）进行审慎性和行为监管。由PRA和FCA进行监管机构包括银行、保险公司和某些投资公司（具有审慎重要性的金融机构），形成双重监管体制。

2.2.3　澳大利亚：自愿性质的养老储蓄

澳大利亚自愿性质的养老储蓄包括自愿性质的职业年金、个人养老金储蓄及投资。由于雇主按当地在职工薪标准9%缴纳的强制性职业养老金并不足以维持雇员退休后的生活水平，该比例至少需提高至15%。因此，澳大利亚政府积极鼓励个人自发进行储蓄，通过第三支柱养老金保障退休后的生活水平。第三支柱养老金包括强制雇主缴费职业养老金（SG）中的雇员自愿缴费部分，还包括个人通过个人退休储蓄账户（RSA）进行储蓄和投资的部分等，税法中对这两部分实施相同的税收政策。RSA计划是一种由存款吸收机构或寿险公司提供的低成本养老方式。相较于信托账户，个人退休储蓄账户（RSA）更具有储蓄账户性质。

澳大利亚的个人退休储蓄账户的制度框架如表2.9所示。

表2.9　　澳大利亚个人退休储蓄账户制度框架

账户操作	自愿性的职业养老金计划包括了两个部分：一是雇主为雇员缴费中超出缴费工资9%的部分；二是雇员用税后多余收入储蓄到职业养老金账户的部分。所有注入基金中的相应缴费，应当根据统一的规章制度实行。个人其他养老储蓄包括雇员税后额外收入缴纳至个人退休账户的部分
产品设计	澳大利亚公民有权选择基金和投资产品品种以管理本人账户中的养老金。公民既可以在同一基金内选择不同的投资组合，也可以自由选择养老金基金。雇主及雇员缴费后将获得缴费凭证，把凭证交给选择基金即可完成基金选择
投资运作	资金全部存入个人账户，个人选择基金组合，由专门的养老金管理公司管理。基金组合中大约有99%为小型基金，澳大利亚税务局（Australian Taxation Office，ATO）承担了大部分小型基金的监管和税收管理职责
税收模式	澳大利亚政府第三支柱养老金采取TTT的征税模式，由于缺乏税收激励且在税务安排上过于复杂，参与率低。近年来通过不断简化税收安排，在各阶段均提供税收优惠政策。政府将对税后个人养老金投入一定财政补助，但每个账户最高不得超过1 500澳元。参与人必须先通过个人收入的家庭调查，如果该参与人收入不超过目前规定的金额上限，其在非职业养老金储蓄中取得相应的资本收入将享受50%的减免；如果是通过股票红利获得收益的参与人，政府会提供相应的税收政策以避免双重征税。 在缴费环节，雇主为75岁以下雇员提供的养老金部分、个体户自愿储蓄养老金部分全部可以用于抵税，年收入在27 000澳元以下的，享受10%的税收返还，且收入越高，返还比例越小；在投资环节，符合规定的养老金投资收入可适用15%的优惠税率；在领取环节，税率因领取方式及缴费时间而有所区别，60岁以上的公众从养老基金中提取年金或者一次性提取全部养老金均享受免税待遇

澳大利亚第三支柱养老金的监管机构主要包含：澳大利亚税务局[①]、审慎监管局（Australian Prudential Regulation Authority，APRA）、证券与投资委员会（Australian Securities and Investment Commission，ASIC）[②]、养老金投诉仲裁处（SCT）。机构职责具体如下：

澳大利亚税务局对第三支柱的税收优惠政策进行执行和监督，确保所有年金账户正常纳税。

审慎监管局负责对所有经营保险业务的公司以及大多数的养老基金行业进行审慎监管，承担养老金政策修改立法的职责，审慎标准具有法律效力。

证券与投资委员会（ASIC）是澳大利亚银行、证券、外汇零售行业的监管者。监管内容包括基金管理情况、经营业绩、信息披露、有无误导行为等。证券与投资委员会、审慎监管局之间通过成立联合工作小组共享信息，以解决监管中遇到的信息不对称等问题。

养老金投诉仲裁处（SCT）是超级年金法案下的调解机构，按照法案规定的协商和调解程序解决成员与超级年金间的纠纷，这一机制只有在双方自行调解但没有达到满意结果时才会启动。

澳大利亚养老金相关法律法规如表 2.10 所示。

表 2.10　　澳大利亚养老金相关法律法规

年份	法规法条	影响
1993	《超级年金行业（监管）法案》（SIS）	一是规定涉及范围包括受托人、投资、管理、基金账户和行政、查询以及投诉；二是监管超级年金基金的营运情况，当受托人违反操作规则时设立相应的处罚措施
2002	《金融服务改革法案》（FSR）	受托人必须拥有许可证才能运营养老金基金，规定养老金基金投资的金融产品的范围并列明了标准，制定适当行为和不当行为规则
2004	《超级年金行业（监管）法案（修订版）》（SIS）	受托人须申请成为注册超级年金实体持牌人（RSE），受托人经营的所有超级年金基金均须注册

① 1993 年，澳大利亚议会通过了《超级年金行业（监管）法案》，与《信托法》《超级年金担保法案》《税法》及《社会保障法》一起构成了超级年金（含个人）的监管法规体系。

② 2001 年，证券与投资委员会根据《证券投资委员会法案》成立。

2.2.4 智利：自愿性个人储蓄

智利是第一个创建社会保障新模式——“DC 型强制性个人账户养老金计划”的国家，这一制度在日常生活中被广泛称为“私有化”改革。智利模式的基本内容是以个人资本为基础，实行完全的个人账户制（包括基本个人账户和补充个人账户，前者指个人要将其纳税收入的10%作为自己的养老金投入，后者则是在前者基础上进行更多储蓄而设立的补充个人账户）。个人账户制将旧制度变革为完全积累的个人账户缴费形式，参保人可以自由选择个人养老金计划，选择交由养老保险基金管理公司（AFPs）进行运营投资的，保险费完全由个人缴纳，雇主不需要承担付款义务。

在经历养老金“私有化”等一系列改革后，智利在个人缴费和基金制的个人账户基础上建立起了自愿性个人储蓄第三支柱，作为第一支柱、第二支柱的补充。

智利自愿性个人缴费采用完全个人缴费供款模式，养老保险费完全由个人缴纳，缴费比例为本人工资总额的10%，另外再按2.5%左右的比例缴纳伤残保险费和私营管理公司的管理费（实际支出管理费约为1%），月收入在116万比索（合2 000美元）以上的部分不缴费。自愿性个人储蓄中，雇主不缴费但有责任替雇员代扣代缴养老保险费，雇主若不履行这一职责，将面临法律处罚且第三支柱的参与者必须建立个人账户。

智利基金制个人账户的制度框架如表2.11所示。

表 2.11　智利基金制个人账户制度框架

账户操作	智利养老保障第三支柱以建立个人账户、实现个人养老金积累为基础，每一个参与者都必须建立自己的养老金账户，按月将缴纳的养老金存入该户。个人账户的基本用途是在缴费者达到规定退休条件后为其支付养老金，但缴费者也可将个人账户资金作为担保申请住房贷款，甚至可以取出部分现金，前提条件是保证个人账户的储蓄余额能够满足按退休前10年平均工资的70%支付养老金的需要

续表

产品设计	按风险收益特征不同分为A、B、C、D、E 5只投资基金，主要区别在于法律规定的投资比重不同，最高投资比例A基金的股票比例上限为80%，下限为40%。2009年以后，监管规定要求将以上5只基金重新命名，改为“风险型”基金、“保守型”基金等，使风险含义更加明确； 可投资的产品为政府公债、股票、公司债、公共设施、公司股份、国外市场等。基金管理公司做出投资计划后，需由政府的养老金投资委员会最终决定养老金的具体投资项目
投资运作	个人账户由缴费者选择一家养老基金管理公司负责管理，随着缴费的不断增加及投资增值，形成养老金积累，缴费者退休时按个人账户积累额多少决定养老金领取额的高低。 智利养老保险基金的收入、支出、投资等均由私营性质的养老保险基金管理公司（AFPs）操作。目前，智利市场上仅有6家AFPs，分别为Capital、Cuprum、Habitat、Modelo、Planvital、Provida。AFPs经营按有关法规并在养老金管理总监署（SOAFP）的严格监控下进行，有特定的投资产品，根据缴费者年龄，可以购买的产品不同，一般而言，年龄越大，限制越多。 政府规定养老金必须有最低的收益保证，如果管理公司取得的收益低于这个标准，则动用养老金的现金准备金和收益波动准备金进行弥补。现金准备金为养老金自行筹集的不低于其所管理养老金1%的资金，收益波动准备金则是来自之前高于平均收益2个百分点的资金。若还是不能弥补，则由政府负责兜底
税收模式	采取ETT税收模式，对雇佣年轻人的雇主和年轻雇员进行补贴。愿意缴纳比强制性缴费更多的人也可以参加，这些缴费会获得政府的某些税收优惠。类似于缴纳的强制性私营养老保障金，职工缴纳的自愿性私营养老保障费也可以享受免税优惠，因此这部分缴费有上限约束。上限定期调整，目前的缴费上限为每年2.7万美元。职工可在其退休时，将全部或部分资金转入其强制性私营养老金计划的个人资本账户中，还可以在其工作期间随时领取（每年限4次）。但在退休前领取时需征收特别税，并被视为当年收入

智利的第三支柱由财税部门提供一定的税收激励政策，鼓励个人进行补充养老储蓄。智利政府根据1980年颁布的“第3500号法令”[①] 成立了养老基金监管局（SAFP）及私人养老保险基金管理公司（AFPs），SAFP作为独立的养老金监管机构，负责对AFPs设立的批准、监管和

① 1980年，智利政府颁布“第3500号法令”，1981年5月法令正式实施，建立以个人缴费为基础，实行完全积累的个人账户制，并成立专门的养老保险基金管理公司及独立的监管机构养老基金监管局（SAFP）。

授权，并对 AFPs 提供的产品进行监管。AFPs 是市场上唯一的养老基金管理机构，主要负责个人账户资金的收缴、记录、投资及给付。AFPs 根据 SAFP 授权，成立 5 类风险收益特征不同的基金供投资者选择。2008 年以后，新的养老金监管局（SUPEN）替代 SAFP，对各类养老金进行统一监管。

2.2.5 俄罗斯：私人养老金

俄罗斯养老金体系经历了数次改革，最终形成了现行的三支柱体系，具体包括国家养老金、劳动养老金、补充养老保险。其中，2002 年的改革设立了劳动养老金计划，奠定了三支柱的基础。2010 年改革的核心是将统一社会税改革为强制性缴费。由此，劳动养老金的资金来源全部为雇主缴费，缴费率定为 26%，其中，10% 进入基本部分，16% 进入保险或积累部分。

私人养老金是俄罗斯养老保险体系的第三支柱，是职工自愿参加并交由非国有养老基金会管理的补充性保险。所有职工可自愿参保，不同社会阶层的人可依据个人情况自主选择补充养老保险以规划退休后的生活。此外，补充养老保险还包括企业为职工额外缴纳的养老金（即企业年金），这部分钱直接转入个人账户，将用于投资证券、购买退休基金或者非国家养老基金以获得相应的投资收益。但由于在第二支柱中已经强制性要求参保，选择购买补充养老保险的人数较少。

同时，俄罗斯为了促进储蓄和资金的积累、加速金融市场的发展，出台了政策性减免措施以鼓励第三支柱的发展。养老保险金与工作年限和年收入挂钩，对于 1967 年前出生的人群，年收入不超过 51.2 万卢布的部分适用的养老保险金费率为 22%，51.2 万卢布以上的部分适用费率为 10%；1967 年及以后出生的人群，年收入不超过 51.2 万卢布的部分适用费率为 16%，年收入 51.2 万卢布以上的部分适用费率为 4%。

俄罗斯 2010 年保险金制度改革以后，对第三支柱明显加大了支持力度，开始推行国家协同缴费制度，即只要一年内职工向个人养老储蓄金账户自愿存入的金额为 2 000—12 000 卢布，国家将给予与职工存入金额同等的补贴，以此来激发职工自愿储蓄的积极性、增加未来退休人员的养老储蓄金。同时，俄罗斯放宽了对非国有养老基金会的限制，允许其自行投资、参股，以提高经济活力。

在俄罗斯养老金体系的管理架构中，俄罗斯健康与社会发展部负责提出养老金相关政策建议并出台具体政策方案。第一支柱和储备基金的管理机构主要是财政部，第二支柱的管理机构主要是俄罗斯养老基金（PFR）和非国家养老基金（NPF），第三支柱的管理机构主要是非国家养老基金（NPF）。

第三支柱的养老金资产可由非国家养老基金直接投资，也可委托私营资产管理公司投资，但不允许委托银行和保险公司投资。另外，相关法律对非国家养老基金可直接投资的资产类别有明确规定和限制。

2.2.6 德国：个人养老金计划

德国的第三支柱养老金是个人养老金计划，属于自愿型积累制基金，又称为里斯特养老金计划。第三支柱具体包括银行储蓄计划、个人养老保险合同和投资基金储蓄计划 3 种形式，分别由银行、保险公司和投资基金提供，适用于不同年龄段和风险偏好的人群。个人存入账户的本金及利息归储户个人所有。个人自愿养老保险形式多样，可以是传统的寿险，也可以是银行和基金储蓄计划，政府通过财政补贴和税收减免的方式鼓励第三支柱的发展。目前，个人缴费最少为年收入的 4% 才可享受国家补贴，基本补贴是每人 154 欧元，另外还可享受子女补贴（每人 300 欧元）；存入第三支柱的个人收入，免税金额最高为 2 100 欧元。

与吕库普养老金[①]和里斯特养老金[②]不同，第三支柱的个人储蓄性保险计划在缴费阶段无法享受政府的优惠政策。但是，其也因此成为方式最灵活的私人养老保险计划。第三支柱的个人自愿储蓄性养老保险采用非延迟纳税政策，缴费阶段的缴费具有纳税义务，但在领取阶段却只对收益部分征税。具体的征收比例按个人领取养老金起始年龄的不同有

① 吕库普养老金，也称为基础养老金，是德国一种可以享受政府大数额、高比例退税方式的个人自愿投保的商业养老保险计划。

② 里斯特养老金，也称为李斯特养老金，是德国的一种享受国家财政直接补贴和税收优惠政策的个人储蓄型养老保险。

所区分，即越晚领取，纳税比例越小。第三支柱的个人储蓄性养老保险领取方式灵活，可以按月领取养老金，也可以一次性或分次领取。如果保险期限超过 12 年，且在 60 岁以后领取，那么收益部分的 1/2 按照个人所得税税率征税。如果未满足上述条件，例如提前终止合同，那么收益部分全额按照 25% 的补偿税率征税。

联邦劳动和社会政策部（BMAS）负责养老金立法和政策的制定，第一支柱的核心，即强制性养老保险计划（GRV），由联邦德国养老保险基金负责日常运营和管理，联邦德国养老保险基金由联邦保险局负责监管。根据具体组织形式的不同，第二支柱和第三支柱的管理主体可能是保险公司，也可能是银行、投资基金或各类养老基金。这些金融机构及其提供的养老金产品均由联邦金融监管局负责监管。

2.2.7　荷兰：个人自愿养老金计划

作为养老金体系比较完善的欧洲国家，荷兰的养老金制度有较为悠久的历史。

荷兰养老金体系主要由三个支柱组成：第一支柱是由政府兜底的基础养老金，所有公民在退休后享受同等待遇。第二支柱是企业为职工提供的职业养老金，只要进入公司工作，就会自动加入第二支柱的养老金体系。该支柱强制性要求公众参加，每年需缴纳收入的 20%—25%，除了强制性，该类养老金组合不按不同年龄段进行区分，即 30 岁的年轻人和 60 岁即将退休的人投资组合相同。第三支柱是个人自愿养老金计划，可自主选择投资比例和投资品种，目前荷兰第三支柱所占的比例在不断提高。

荷兰政府的养老金制度旨在使公众在退休后达到退休前 70% 的收入水平，但从目前的实际情况来看，第一支柱和第二支柱合计能使公众达到退休前收入水平的 50% 左右，未来随着老龄化加剧、低通货膨胀和低利率等影响，可能会进一步下降到 40% 左右。因此，荷兰养老金市场目前发展最快的是个人自主缴纳的第三支柱，通过第三支柱的个人补充养老保险，这一比率可以达到 50% 左右。在荷兰，第三支柱可以享受税收优惠，即用于购买养老金产品资金可以免税，但必须同时满足两个条件：一是必须购买政府认定的养老金产品；二是退休前不能提取，提取时需要缴纳个人所得税。

2.2.8 丹麦：综合性养老金体系

丹麦的综合性养老金体系包括私人养老基金、养老保险等。丹麦政府养老金制度规定，年满67岁的丹麦公民，不管是否有收入，均可获得国家提供的政府公立养老金。按照规定，每人每年可领取的基本养老金额度为52 524丹麦克朗。另外，单身老人每人每年可领取52 875丹麦克朗的附加养老金；婚配、同居老人每人每年可分别领取24 672丹麦克朗的附加养老金。此外，劳动力市场补充养老金、行业性养老金和综合性养老金通过一系列计划实现，它们包括劳工市场附加养老金、特别养老金储蓄、预储养老金受益者的劳工市场附加养老金、劳工市场养老金和个人养老金储蓄等计划。

就综合性养老保险金的筹集方式而言，丹麦政府采取现收现付制和部分累积两种方式。现收现付制是指将在职职工的养老保险缴费全部用来支付当年的养老金支出，不留或极少保留养老保险缴费用于积累；部分累积模式是指当年社会养老金费用收入用于当年社会养老金支出后，仍结余部分进入个人账户进行长期积累。这种混合模式既考虑了养老金收支的近期平衡，又考虑了养老金收支的长期相对均衡，优势明显。

2.2.9 加拿大：个人养老和储蓄计划

加拿大第三支柱的私人养老金计划包含个人养老金和个人储蓄计划。其中，前者包括注册养老金计划、注册退休储蓄以及延期利润分享等，后者则包括免税储蓄账户项目和储蓄债券。

注册养老金计划是由专业机构发起的自愿参与计划，需要在加拿大海关（CBSA）和加拿大税务局（CRA）及相关的联邦或省主管部门注册。该计划实行雇主和雇员缴费，两者的全部缴费不超过工资总额的18%，基金由保险公司、信托公司和受托人进行投资管理，根据参保者的缴费、工作年限及投资回报等情况计算出养老金数额。为了给那些无法加入注册养老金计划或者想增加养老金收入的人提供更多选择，早在1957 年，加拿大的一些金融保险机构如渣打银行、生命保险公司、信托公司等就建立了注册退休金储蓄计划，该计划中雇主不需要缴纳任何费用，每个受益人可以在不同的注册退休金储蓄计划中按照规定的额度存入现金，用来购买基金、股票、债券、外汇等产品。延期利润分享也是个人养老金计划的一种，是对注册养老金计划的一种补充。延期利润分享计划可以和注册退休储蓄计划同时参加，直到达到缴费设定的最大数额。延期利润分享计划个人退休时可获得一次性付款，或将资金转换为注册退休储蓄计划，或是购买年金。

在个人储蓄计划方面，2009 年加拿大税务局设立了免税储蓄账户项目，超过 18 岁的公民均可以开设一个免税储蓄账户，每年每人最多可在免税储蓄账户中存入 5 000 加元（2013 年上调到 5 500 加元），且个人投资总额会随着开户时间累积提升，可以投资于保证投资回报率的成熟基金和债券。据加拿大银行协会的调查，那些没有参与注册养老金计划和注册退休金储蓄计划的家庭更倾向于投资免税储蓄账户项目。另外，免税储蓄账户得到的投资收益并不影响对低收入人群的判定，也不影响老年人收入补贴项目中对低收入人群的判定。

为了更好地保障老年人的退休生活，联邦政府还为民众提供了储蓄债券。该储蓄债券由联邦政府发行，购买者可以在“任意时间兑换”或“每年兑换一次”的溢价债券中选择，老年人可通过购买当期债券获得未来的增值收益。通过这些举措，加拿大民众获得了高水平的福利待遇。

2.3　各国个人养老金账户发展的特点和趋势

2.3.1　各国个人养老金账户模式存在的共同点

目前，各国个人养老金账户的运作模式均为个人在符合条件的机构开设唯一的个人养老金账户，将一部分收入缴入此账户中，并且能够自主的在一定范围内决定投资产品，在年龄达到退休标准后，个人从账户内领取养老金。

参与美国 IRA 计划的个人直接对个人退休账户资产进行投资管理，不受其他方控制。根据美国《国内税收法典》第 408 条规定，符合要求的第三方金融机构（银行、投资公司等）可为客户管理 IRA 计划。IRA 计划可投资于股票、债券、存单、共同基金、免佣金的共同基金、变额年金、免佣金的变额年金以及其他多种金融产品。

在英国，提供个人养老金计划的机构包括：基金公司、寿险公司、商业银行、信托公司以及其他金融机构、社团。个人可选择不同金融机构提供的个人养老金计划，并通过提供国民保险账号开设 ISA。第二支柱、第三支柱的个人养老金缴费者可选择自 2012 年起加入国家职业储蓄信托（NEST），并且通过该投资得到回报。

智利现行的养老保险基金的收入、支出、投资等都是交由私营性质的养老保险基金管理公司（AFPs）进行管理运营的。个人可自主选择基金管理机构和产品形态，并自担风险。AFPs 经营按相关规定在养老金管理总监署（SOAFP）的严格监控下进行，且设有特定的投资产品，不同年龄可以购买的产品不同。一般而言，年龄越大，限制越多。给付条件一般为年满 65 岁的男性或年满 60 岁的女性，缴费期限为满 20 年。但若个人账户已积累的基金可满足退休前 10 年平均工资的 70% 或 50%（伤残人士），可选择提前领取养老金。

德国个人养老金的参保者可根据其自身情况选择不同的产品，政府对于个人养老计划的产品制定和评估有着严格的规定。例如，在里斯特养老金计划中，联邦金融监管局会对其产品进行评估，只有符合标准的才可以实行，以此来保证产品的可行性和规范性，参保者可以在符合规定的里斯特养老储蓄产品中进行选择和投资。而在吕库普计划中，其产品只能由保险公司提供，对于养老体系未覆盖的人群，吕库普养老金计划可以起到基础性的保障作用，保障人们享受税收优惠的公平性。

俄罗斯对于建立个人养老金账户的参保人员，其缴费资金可部分免缴个人所得税（仅限于工资总额的 6% 之内）；存款保险署（ACB）为个人养老金账户中的资金提供保险，5 年内保证资金收益率不为负，而且若管理个人养老金的非国家养老基金遭遇破产，存款保险署也会保障个人养老金账户中的资金安全。

其他国家的养老账户模式与上述国家大同小异，基本呈现由政府宏观控制，个人自主选择，并通过金融机构运作经营的形式。

2.3.2　各国制度设计的特点

各国的养老保障体系通常由三部分构成，称为三大支柱。第一支柱为“公共养老金计划”，由雇主和雇员共同缴费，政府财政兜底，旨在为退休人员提供最低养老保障；第二支柱为“职业养老金计划”，主要由企业和个人共同负担，政府提供税收优惠；第三支柱为“个人自愿参加的储蓄性养老金计划”，在个人养老金账户基础上鼓励个人进行养老储蓄。其中第二支柱、第三支柱旨在满足参与者更高的养老需求。

纵观国际经验，就养老金第三支柱而言，税收政策在其中发挥了主导作用，美国、英国、澳大利亚等国在养老金方面的税收政策改革推动了第三支柱的不断健全和发展。各国整体制度设计呈现以下特点：

（1）依托账户开展第三支柱的个人税收递延型养老计划，具备实践性、可操作性。如美国、英国和智利等国家，都是以个人养老金账户为载体，鼓励民众通过 IRA、ISA 和基金制个人账户进行个人养老储蓄，并对账户实施信托型管理，有效保证了账户的可操作性，从而建立和发展了本国的养老保障体系第三支柱。

（2）递延纳税 EET 模式是目前个人账户养老计划主要的税收激励模式，税收优惠标准通常与工资收入水平挂钩。美国、加拿大、智利、荷兰、巴西等国家为个人养老金账户提供了递延纳税的税收激励，账户所有人在前期缴费阶段和投资阶段免税，在领取阶段再计征纳税。此外，各国还设置了一定的抵免限额，并根据工资收入水平及账户所有人年龄等因素实时调整税收优惠限额。

（3）开放的养老金市场，鼓励各类金融产品参与，赋予个人充分的投资选择权。美国 IRA 对产品不设准入门槛；英国 ISA 投资为了实现高收益，不仅可以投资于伦敦股市《金融时报》100 种股票的大公司，还可以投资于不动产、私募股权、风险投资基金等，甚至可以投资于艺术品和国外期权合同；澳大利亚公民可选择机构帮助管理自己的养老金，以及基金投资的品种；智利按不同风险收益对基金产品进行划分，账户所有人按照自身风险偏好选择投资产品，可投资于政府公债、股票、公司债、公共设施公司股份、国外市场等；加拿大养老金计划（CPP）作为专项储备基金，拥有较长的自由流动性，除了公开市场的股权投资，还扩展到私募股权、基础设施、不动产等。

（4）个人的自愿参与性，保障了第三支柱的最广泛覆盖人群，尤其是纳入了自雇群体及中低收入者，体现出社会公平。各国个人养老金账户几乎涵盖了所有居民，对民众的参与资格没有多加限制，并且不具有强制性，个人可自由选择是否参与。

（5）养老账户管理以向第三方委托为主，政府部门负责监管。经过政府的审核批准，授权成立养老金公司，建立养老金市场。参加个人账户养老计划的成员按照自己的意愿把个人账户基金委托给某个养老基金管理机构进行管理。例如，美国建立了专业的投资机构，不仅仅包括传统的商业银行、证券公司等机构，还有各类的投资银行、基金公司、保险公司等金融机构参与。个人可以选择在不同类型的机构开设个人退休账户，选择不同的产品进行投资。此外，还存在以政府部门主导的形式，如加拿大政府专门成立加拿大养老基金投资管理局（CPPIB）进行市场化投资运作，聘请专业投资人员，实施积极的投资策略，取得了较好的投资收益。

2.3.3 各国养老账户税收递延方式略有不同

全球养老金体系经历了从政府兜底的单一支柱到政府、企业和个人三者责任共担的多支柱的发展历程。纵观国际经验，税收政策在养老金第三支柱的发展中发挥了主导作用，美国、英国、澳大利亚等国在养老金方面的税收政策改革推动了第三支柱的不断健全和发展。

参与者缴入个人养老金账户的现时收入具有个人所得税纳税义务，因此各国对账户资金通常会征收个人所得税。但各国账户管理模式和实际国情存在差异，其个人养老金账户采取的税收模式也略有不同。

根据账户内资金运作的储蓄、投资、领取三阶段是否征税，世界各国主要国家第三支柱税收模式情况如表 2.12 所示，各国普遍采取的税收模式主要有先征后免型和先免后征型。

表 2.12 世界主要国家第三支柱税收模式情况

国家		税收模式	
		EET 模式	TEE 模式
美国	传统 IRA	√	
	罗斯 IRA		√
英国			√
加拿大		√	
智利		√	
巴西		√	
荷兰		√	
丹麦		√	

(1) 先征后免(TEE)模式,即在个人缴款进入个人养老金账户时,缴纳的数额不进行任何税前扣除,计征个人所得税后的税后收入存入个人养老金账户,但个人符合退休条件后,从账户取出资金时,享受免税待遇。

目前,美国和英国等国实行先征后免型税收递延。美国的罗斯 IRA 计划实行的是先征后免(TEE)模式;英国的 ISA 在储蓄环节征税,投资收益和领取环节免税,实行的是 TEE 模式。

(2) 先免后征(EET)模式,即个人在将资金注入个人养老金账户时,可以限额税前扣除,相当于免税的收入进入个人养老金账户,当个人从养老账户中支取时再按照普通所得课税,如美国的传统 IRA。智利和巴西、荷兰等国同样采用这种模式。

美国的传统个人养老金账户(IRA 计划),采取税前缴费,实行的是 EET 模式。巴西规定资金存入个人养老金账户时,允许税前扣除个人收入的 12%,但在领取养老金时,视作普通所得予以课税,实行 EET 模式。

荷兰的职业养老金制度和私人养老金制度,均是在前端存入时予以免税,在领取养老金时征收相应税收,实行 EET 模式。

2.3.4 各国个人养老账户税收优惠政策发展

通常而言,个人退休后的养老金是个人劳动力成本的一部分,应当享受免税待遇。在实际操作过程中，许多国家政府都对个人养老金账户在资金缴纳和退休后领取阶段给予税收优惠。例如，英国的职业退休计划和个人养老计划，对于运作这两项计划资金的基金取得的投资收益免征资本利得税。与此同时，个人缴纳资金时每年可税前扣除 40 000 英镑（2015—2016 财年），所有与个人养老有关账户的最高税前扣除限额是 125 万英镑，个人在领取退休金时，按普通所得课税。总体上，大多数国家在个人养老金账户的资金缴纳和资金领取时，都给予一定的税收优惠。

税收优惠政策加速了个人养老金账户的制度发展。以美国为例，2001 年颁布的《经济增长与税收减免调整法》提高了传统 IRA 缴费限额，使 IRA 2003 年的资产规模增长至 3. 08 万亿美元，同比增长率高达 21. 59% 。①

德国个人养老计划对于参加里斯特养老金计划的投资者，均给予最高为 2 100 欧元的免税额，直到其退休领取养老金时，每月领取养老金需要全额纳税。除了税收优惠之外，政府还对不同人群采取不同的补助方式：一是基础补贴，政府对参与者均提供每年 154 欧元的基础补助；二是子女补贴，里斯特养老金计划对有 2008 年 1 月 1 日前出生子女的家庭每年给予 185 欧元的补贴，对养育 2008 年 1 月 1 日之后出生子女的家庭每年给予 300 欧元的补助。

加拿大注册退休储蓄计划（RRSPs）的免税优惠有一定的限额，规定参与者每年 RRSPs 的存入限额为上年收入的 18% 加上往年未使用的供款限额，再减去上年的退休金的调整额。同时也规定，对于参保者缴纳超过供款限额的部分，每月要处以罚款，避免高收入人群享受更多的优惠、低收入人群的享受福利较少的现象，以保证社会公平。

2. 3. 5 各国个人养老制度发展的趋势

制度建设都需要经历摸索的过程，养老金制度体系亦然。放眼全球，随着人口老龄化和通货膨胀压力的累积，国家大包大揽的福利型养

① 资料来源：美国投资公司协会（ICI）。

老制度难以维系。养老金制度体系经历了从政府兜底的单一支柱到政府、企业和个人三者责任共担的多支柱的发展历程。作为第三支柱的个人养老金账户在此背景下应运而生，各国引入市场参与者，激发市场活力，发挥专业机构的投资能力，成为养老保障体系管理的现实选择。

从近年个人养老金账户制度的发展看，个人责任的适度回归、市场机制的适度引入、民间力量的适度参与，以及养老基金与资本市场的有机结合是个人养老金账户发展的重要趋势。

（1）加快第三支柱个人养老金账户建设，支持多支柱均衡发展成为养老金改革的主流思路。三支柱体系已成为全球养老金发展的主流模式。其中，第一支柱坚持保基本、广覆盖的原则，目标是防止老年人口贫困。第二支柱和第三支柱的目标是改善老年人生活。通过政府规划和税收激励，主要国家的第二支柱和第三支柱自 20 世纪 70 年代起快速发展。以美国为例，1974 年 IRA 计划建立之初规模约为 10 亿美元，仅占同期公共养老金的 6%、雇主补充养老金的 5%。而到了 2018 年，IRA 计划的资金规模达到了 8.8 万亿美元，占美国养老金总资产的 33%，为参与者提供了额外的退休收入。

（2）个人养老金账户适度市场化、引入竞争是养老金改革的重要方向。从许多国家养老金制度改革可以发现，在养老金制度中充分引入市场机制，已是普遍趋势。特别是通过个人养老金账户储蓄的私人养老金，市场化、多元化投资的取向较为明确。1981 年，智利成为第一个社会养老保险基金彻底私有化的国家。瑞典作为名义账户制的代表性国家，也预留了 2.5% 的资金空间交由个人进行投资选择。由雇主和个人选择有竞争力的市场金融机构投资养老金，效率和安全性更高。

（3）个人养老金账户制度的发展遵循市场化、专业化、多元化原则，各类金融机构均可参与。以美国为例，IRA 计划采取信托管理模式。个人自愿参加 IRA 计划，基金公司、保险等机构对资产进行管理。在 2014 年，63% 的 IRA 参与者选择由基金公司管理 IRA。2014 年，IRA 计划参与者享受税收递延的最高额度为 6 000—6 500 美元，达到美国人均年收入的 13%—15%。截至 2014 年年末，美国个人退休账户持有的总资产约为 7.4 万亿美元，其中近 48% 资产由共同基金管理，商业银行持有份额约为 7%，寿险公司持有份额约为 5%。英国第三支柱养老金缴费者还可通过国家职业储蓄信托（NEST）进行投资获取回报。信托模式具有资金隔离、运作透明、监管严格的特点，契合了养老金对安全性的要求。

目前，市场中发展最好的专业化产品为生命周期基金（包括目标日期基金、目标风险基金），其按照投资者不同生命阶段的风险收益特征，调整资产配置比例的基金品种。自1996年推出以来，生命周期基金日益得到养老金投资的认可。2006年，美国颁布了《养老金保护法案》（PPA），正式将生命周期基金纳入合格默认投资工具。2014年，美国目标日期基金由2004年的440亿美元增长至7030亿美元，10年间基金规模增长近16倍。

2.4 各国个人养老金账户的发展经验

当前，世界主流国家均已建立多层次养老保障体系，主流方式是建立具有唯一账号的个人养老账户体系。智利是最早建立个人养老账户体系的国家，其模式已被拉丁美洲12国、东欧国家和部分欧美发达国家借鉴。美国的第三支柱发展最为成熟，截至2018年年末，其第三支柱规模达8.8万亿美元，在美国养老金资产中占33%。此外，英国、澳大利亚等国的第三支柱在不断发展变革过程中也各具特色。

2.4.1 美国第三支柱的经验

美国已建成开放、成熟的第三支柱体系，主要的制度安排包括：一是各类金融机构均可开户，个人可在银行或财政部批准进行保管业务的非银行机构开户，并由其作为受托人或保管人。二是针对不同类型的IRA提供了不同的税收优惠。账户类型以传统账户为主，传统账户采取EET模式，Roth账户采取TEE模式。三是对产品不设准入门槛，鼓励各类金融产品参与。近10年来共同基金的占比始终保持在50%左右，根据退休年龄设计的目标日期基金成为投资者的主要选择。四是自主选择各类投资产品，自我管理意识强。五是监管机构职能划分清楚，主要为 IRS、DWP、SEC 及其他金融监管部门。

2.4.2 英国第三支柱的经验

英国自 1980 年起开始建立第三支柱个人养老金制度，近年来呈现与第二支柱相融合的趋势。英国第三支柱的主要特点在于：一是计划种类广泛，包含以养老储蓄为主的个人养老保险（Personal Pension Plan, PPP）、以养老投资为主的个人投资养老金（Self - invested Personal Pensions, SIPPs）计划和达到国家制定标准的存托养老金（Stakeholder Pension）计划。二是灵活采取两种税收优惠模式，根据养老金供应商提供的此种养老金计划是否在英国税务海关总署登记注册，分为 EET 和 TTE 两种缴税模式，其中 EET 模式较为普遍。在 EET 模式下，50 岁以下个人的最高缴费比例是收入的 17.5%；在 TEE 模式下，最高缴费比例为每年 15 240 英镑。三是建立国家职业储蓄信托，引入全国统一的账户管理平台，收取 0.3% 的超低管理费，提高中低收入人群的参与率。四是提供默认的产品选择，以目标日期基金为代表的产品受到投资者青睐。五是监管机构职能划分清楚，主要为英国政府、养老金监管局和金融市场行为监管局。

2.4.3 澳大利亚第三支柱的经验

作为澳大利亚第三支柱的个人自愿储蓄（Voluntary Retirement Saving）采用 TTT 税收模式，由于缺乏税收激励且税务安排过于复杂，导致参与率较低。近年来，通过不断简化税收安排，为缴费、投资和领取等环节提供税收优惠，促进了第三支柱的发展。在缴费环节，雇主为 75 岁以下的雇员提供的养老金和个体户自愿储蓄的养老金可以全部抵税，年收入在 27 000 澳元以下的可以享受 10% 的税收返还，且收入越高，返还比例越小。在投资环节，对符合规定的养老金投资收入适用 15% 的优惠税率。在领取环节，税率因领取方式和缴费时间的不同而有所区别，60 岁以上的公民从养老基金中提取年金或者一次性提取全部养老金全部免税。在投资运作上，资金全部存入个人账户，个人选择基金组合后，由专门的养老金管理公司管理，其中99%左右的基金组合为小型基金。此外，澳大利亚税务局（ATO）承担了大部分小型基金的监管职责和税收征管工作。

2.4.4 智利第三支柱的经验

智利第三支柱的制度框架为：一是建立个人账户制，明确缴费额度的上下限（下限为工资的10%，上限为60UFs[①]）。二是采取ETT税收模式，对雇佣年轻人的雇主和年轻雇员进行补贴。三是成立专门的养老保险基金管理公司（AFPs），负责缴费收取、账户管理和投资运作。四是开放个人选择权，产品类别简单易懂，根据投资股票比重的不同，划分为5类具有不同风险收益特征的投资基金。五是成立专门的监管机构，即养老基金监管局（SAFP），负责对AFP的监管和授权。

2.4.5 俄罗斯第三支柱的经验

俄罗斯现行的三支柱养老保险制度的基本架构已基本完整，由国家养老金、劳动养老金和补充养老保险三大支柱协同保障国民的退休生活，其中第二支柱和第三支柱的养老金收益直接同个人账户的缴费状况挂钩。为了防止个人账户基金贬值，实现保值和增值，俄罗斯将该基金的投资权授予俄罗斯联邦养老基金，俄罗斯联邦养老基金将其委托给专业的管理公司进行管理。为了保证投资安全性和获得高收益，俄罗斯政府制定了投资规则，对有价证券的种类和资质，以及各种投资工具的最高投资比例进行限制。获得尽可能高的投资收益和尽可能低的风险是基金投资的原始矛盾，克服这一矛盾最理想的投资策略是促进投资组合的多元化，提高投资工具的流动性和限制投资资产的等级。

---

① UFs为指数化的智利货币单位，其值不受通货膨胀影响，60 UFs折合约2 427美元。

2.4.6 德国第三支柱的经验

德国养老保险的三支柱模式由强制参加的法定养老保险、商业保险性质的企业补充养老保险和个人自愿养老保险构成，但三支柱比例失衡问题较为突出。作为第一支柱的法定养老保险在整个养老金的支付中占比过大，作为第二支柱和第三支柱的企业补充养老保险和个人自愿养老保险在保障公民老年生活中发挥的作用相对有限。2001年，德国养老保险改革引入享受税收优惠的个人账户或企业养老金，以减轻税费负担，使德国法定养老保险制度从单一的公共养老保险制度向多支柱的养老保险体系转变。2004年的改革使德国从现收现付制向确定缴费体系转变，在发展的过程中，政府主动采取了一些调整和改革措施适应社会经济的新发展，为降低养老金支付压力、缓解人口老龄化危机发挥了巨大作用。

2.4.7 荷兰第三支柱的经验

荷兰养老金体系的主体是第二支柱，超过80%的荷兰工人参加了补充养老金计划，该计划被分成4类：私有化的公共部门年金计划、企业年金计划、行业年金计划和职业协会年金计划。其中，行业年金计划是整个年金体系的主体，其资产占全部年金资产的接近一半，覆盖人数最多。近年来，荷兰养老金缴费责任逐渐由政府向个人倾斜，在高税收负担的大环境下，对个人养老型储蓄和保险实行税收减免很大程度上刺激了参保人提前规划退休养老金和储蓄的积极性。在同等收入水平下，个人参保的时间越早，未来能够节省的税费就越多；购买同等产品，参保人的收入越高，未来能节省的税费就越多。

2.4.8 丹麦第三支柱的经验

丹麦的养老制度曾是由政府单独推动的单轨双层次的传统养老保险制度，经过改革，向政府部门和私人部门共同推动的双轨四层次的养老保险制度转轨。转型后的养老保险制度由“基本保障”和“收入维持”两大部分构成，分别由政府部门和私人部门推动。“基本保障”由全民年金计划和补充年金计划构成，均由政府推动；“收入维持”同样包括两部分，即职业年金计划和私人年金计划，均由私人团体或商业性机构推动和管理。

从丹麦养老保险制度由过去完全由政府出资推动，转变为当前由政府和私人机构共同推动的改革进程来看，开展养老保险工作不应只是政府单方的责任和义务。养老保险既不能完全由商业保险机构开展，也不应该完全由政府部门负责，而应由政府部门和私人机构合力推动。政府应侧重于支持保障老年人基本生活水平的基本养老保险，私人部门则应着力于发展补充性和个人储蓄性养老保险，两种保险制度形成良性互补。

2.4.9 加拿大第三支柱的经验

加拿大养老保障体系由老年保障制度、加拿大养老金计划、魁北克养老金计划和私人养老金计划构成，私人养老金计划包括个人养老金和个人储蓄计划两种类型。从总体上看，加拿大的养老保障体系注重责任分担机制，运用多种税收优惠措施，实行弹性退休，具有层次多、覆盖广、种类全等优点。与其他国家的做法不同，加拿大允许人们在60—70岁自主选择退休年龄，根据不同的退休年龄计算出不同的退休养老金收入。例如，根据2015年的规定，如果参保者希望在60—65岁领取养老金，每比65岁早一个月退休，养老金就会减少0.58%，并且该比率每年都会进行调整，最高将使养老金减少34.8%。也就是说，如果养老金领取者希望在60岁退休，那么他每月只能领取全额养老金的65.2%；相反，如果参保者每推迟一个月领取养老金，其养老金就会增加0.7%，如果参保者在70岁退休，每月将能够领取全额养老金的142%。总的来说，弹性的退休年龄、灵活的支付方式和指数化的计发办法，最大程度地利用了人力资源，提高了养老保障体系的适应性。

第3章

各国个人养老金的运营：默认基金

近年来，加强个人责任和提高个人参与度逐渐成为养老金制度改革的重要趋势之一，已有近30个国家将个人退休账户纳入强制性养老金制度。同时，个人账户的投资选择权是养老制度的重要创新，享有投资选择权的参与者可以自主选择基金管理主体、金融资产种类或投资产品。然而，投资选择权在制度实践中却没有取得理想的效果，作为补充部分的默认基金（又称默认账户）或默认投资策略却受到广泛欢迎。

本章基于国际经验，重点研究国际养老基金中出现的新生事物——默认基金，分析默认基金的设立、表现和制度经验，探讨默认基金与我国现行养老基金结合的方式，提出个人账户的创新模式构想，为我国未来的养老基金投资管理提供政策参考。

3.1 默认基金概述

默认基金和投资选择权是养老金个人账户中的重要创新。目前，已有近30个国家将个人账户作为强制性养老金制度的一部分，不少国家赋予个人投资选择权。然而在政策实践中，不少参与者没有意愿或者没有能力运用选择权，导致选择默认基金居多，这也造成默认基金积累了大量养老资金。

随着默认基金参与度逐渐提高，默认基金的覆盖人群和资产规模逐步扩大，默认基金的运行效果将直接影响参与者未来养老金的收益水平，也关系着养老保障制度的实行效果，更会造成不同选择下养老金收益水平的差异，并由此产生制度的公平、持续问题，因此对默认基金进行研究具有重要的现实意义。

3.2 默认基金研究的发展历程

默认基金大多出现在采用强制性模式的个人基金中，默认基金和个人投资选择权是一个问题的两个方面。本书将国内外关于默认基金的研究成果大致总结为以下四个阶段：

第一阶段（2003—2007 年）——起始阶段：默认基金的研究起始于对个人投资选择权的经验总结，研究者们通过收集、分析实证数据发现，实践中个人的投资选择权未被充分利用，大部分参与者放弃了该选择权。随后，研究者从心理学及行为金融学角度探讨个人退休决策中的非理性行为及其原因，从而提出默认基金机制的合理性。

第二阶段（2006—2008 年）——运行机制研究阶段：这一阶段的研究侧重于梳理不同国家默认基金的运行情况并进行经验总结，其中关于美国、澳大利亚、英国、瑞典及拉美地区的研究成果颇多。

第三阶段（2008—2010 年）——资产配置及投资策略研究阶段：这一阶段的研究关注默认基金的投资策略选择，学者们大量采用实证的方法，运用数据模型考察默认基金不同的投资策略对养老金收益及行为决策的影响，探讨默认基金是否能够达到预期目标和如何设计合理的默认基金。

第四阶段（2010 年至今）——管理机制研究：随着默认基金逐步发展，学术界的研究更注重默认基金运行机制的细节性问题，比如管理经验、投资监管等。这一时期大量文献从整体出发，将默认基金与个人投资选择权视为私人养老金风险管理的手段，研究如何更好地利用信息披露正确引导个人参与者决策，其中澳大利亚提出的发展趋同趋势、美国引入的自动申报机制均是默认基金近年来发展的新特点。由此可见，默认基金的研究起源于计划中的个人投资选择权研究，并随着默认基金在实务中的发展而更加具体细致。

3.3 默认基金设立的依据

近年来，国际养老制度中的养老问题逐渐由一项强制性政策转变为一项选择性政策，个人根据制度内提供的不同基金类型及自身偏好进行相应选择，并为其选择承担相应责任。然而，选择权并不一定带来效率，由于决策者往往倾向于选择简单选项，过多的选择反而可能会阻碍个体的决策。因此，默认基金的设立基于“简单选择”理论，避免了个人投资选择权在运行中出现的各种问题。那么，个体的决策过程是怎么样的，可选择项目的多少如何影响决策效率，如何确定恰当的可选择项目数量？解释清楚这些问题将有助于理解默认基金的设立初衷、设立目的和设立理念。

3.3.1 决策上偏好简单选择

理论和实证数据都表明，参与者在面对复杂问题时倾向于回避和拖延，随着选项的增多，决策变得越来越困难。当选择的数量持续增加时，无论参与者是否具有丰富的金融知识，都更倾向于加入默认基金。因为自主选择储蓄计划是非常复杂的问题，个体需要先选择储蓄类型，再决定缴费率及资产配置，每个环节可能同时存在多个不同选择。默认基金的建立使个体只需要在“参与”或者“不参与”两个选项之间进行选择，因此尤其受到不熟悉投资知识的民众的欢迎。默认基金预先设立的缴费率及资产配置使个体无须比较每种缴费率和资产配置，可以大大简化参与者面临的问题。

决策的过程并不是一个完全严格、逻辑贯穿的推理论证过程，决策具有相当程度的非理性。比如，在购买汽车时，面对近千辆汽车的选择，消费者会将其简化为品牌、产地、型号、排量、外形等几大维度或要素进行决策。正如心理学研究证明，决策是一个快刀斩乱麻的过程，大多是依靠刚刚过去的表现对未来进行预期，他们依据“拇指原则”将复杂的问题简化为几个简单的判断。拖延和惰性也使投资者错失决策时间，从而倾向次优选择。即使投资者知道最初的选择是错误的，惰性也使其很少重新配置个人选择。因此，默认基金的被动管理、几乎不需要做任何更改的运行机制更加符合参与者的决策习惯。

3.3.2 偏好上的不确定性

个人的偏好是不确定的，而且易受外界影响。Benartizi 和 Thaler（2002）发现，大部分参与者更愿意改变自己的最初选择，选择一个符合大多数人意愿的平均选项。默认基金较为平稳的投资收益和较为中等的投资结果都非常适合满足这部分参与者的需求。在偏好不确定的情况下，一些参与者干脆保持原有选择。同时，部分国家实现计划与计划的转换需要一些转换成本，储蓄计划的参与问题不再是单纯的参加或退出，而是继续参加计划，还是放弃现有的计划收益转而参加其他计划的问题。因此，代表一般储蓄水平的默认基金为他们提供了便利的选项。

3.3.3 短视行为

养老储蓄凸显了消费和储蓄永恒的矛盾。正如曾提出的金蛋模型一样，非流动性的资产虽然会在长期内带来潜在的收益，但人们购买这种延时收益资产的动机并不强烈。特别是在西方低储蓄率的国家中，个体在消费和储蓄间往往更加偏好消费。

Lusardi（2004）发现很多接近退休的家庭没有积累多少财富，弗里德曼所坚持的持久收入假说从未在实践中获得证实。在养老金中设置个人投资选择权，并不能激励参与者参与养老储蓄的热情。因为现实的消费动机永远存在，不如为参与者提供低成本的默认基金，让积累的养老金能够产生更高的收益。

3.3.4 基金管理的成本

根据 Rainmaker Information 的测算，澳大利亚超级年金的管理费用占资产的比例约为1.35%，这意味着一个拥有10亿澳元资产的超级年金中，有1 350万澳元花在了管理上。这部分资金可以为超过200万名的退休员工提供保障，这也意味着在职者要为此缴纳更多的费用。然而，研究显示高运行成本与较差的投资表现显著相关，更高的缴费未必带来更高的收益。

提供个人投资选择权的养老基金管理成本较高，可以通过三个途径降低基金的管理费用，即实行被动管理、停止为计划提供者提供费用以及减少多样选择实现集中管理。由于满足以上三项要求，默认基金成为降低管理成本的有效方式，可以获得更高的收益。将“一揽子”的国内、国外股票作为默认的投资策略，通过被动的投资降低投资费用，并根据生命周期逐步调整股票资产占比，同时提供储备基金，通过制度建设体现政府在养老方面的责任担当。

正因为个体的决策易受以上因素影响，单纯的个人投资选择权并未达到预期效果。默认基金一方面可以简化决策过程，一定程度上缓解个体决策的偏好易变性和短视行为；另一方面弥补了个人投资选择权的短板，并且因其被动管理的“特色”节省了相当一部分管理费用，从而间接提高了个人的收益。由此可见，默认基金的建立能够有效缓解养老保险参与率低、缴费率低和投资选择过多等问题。无论从理论上还是实践经验上，默认基金都是值得关注的重要机制，在实践中默认基金吸引了众多参与者，这也证明了它的存在价值。

3.4 默认基金的运行机制

默认基金账户投资选择是基金制养老保险个人账户投资管理的一种创新，美国、英国、澳大利亚、瑞典、爱尔兰、意大利、智利、墨西哥、秘鲁、捷克、爱沙尼亚、拉脱维亚、波兰、斯洛伐克、俄罗斯、南非、以色列、土耳其、新加坡等国个人账户养老基金的个人账户投资中均存在默认基金（又称默认账户）。不同国家设立默认基金的目的各不相同，因此其在制度设计、运行现状、投资特点、管理主体等方面也存在较大的差异。大部分默认基金存在于企业提供的养老金中，有些国家实行强制原则，有些国家则实行自愿原则。本节按默认基金的设立目的，将默认基金大致分为 4 种类型，分别从制度设计、运行现状等角度加以介绍。

3.4.1 拉美国家：按年龄、性别划分的生命周期基金

拉美国家基于生命周期投资策略，为参与者提供随年龄增长风险投资比例逐渐降低的默认基金，按参与者年龄分组，将年龄较大参与者的资产投资于风险投资比例小的基金中，将年龄较小参与者的资产投资于风险投资比例大的基金中。

智利提供的基金按照年龄将参与者分为三组，参与者默认加入 5 个基金中间的三个，超过 55 岁的男性和超过 50 岁的女性只能选择 C 基金、D 基金、E 基金，而缴费 10 年及 10 年以内的参与者不能选择 A 基金。

墨西哥提供两种默认基金，分别是适合年龄超过 56 岁参与者的 SIEFORE1[①] 和适合低于 55 岁参与者的 SIEFORE2，SIEFORE1 仅仅投资在固定收入上，SIEFORE2 包括 15% 以内的股票资产。2007 年以后，墨西哥增加到 5 只基金。A 基金适合 26 岁以下的群体，B 基金适合 27—37 岁的群体，C 基金适合 38—45 岁的群体，D 基金适合 46—55 岁的群体，E 基金适合 56 岁及以上的群体。在资产配置上，A 基金、B 基金、C 基金、D 基金、E 基金的股票比例分别为 30%、25%、20%、15% 和 0。

明显可以看出，在拉美国家的制度设计中，政府假设参与者没有能力做出最优决策，政府像家长一样通过法定条令禁止、限制参与者涉及高风险的资产。从个人选择的角度来说，参与者也只能通过选择机构再选择基金。

3.4.2 澳大利亚、英国：符合特色设立目标的基金

澳大利亚的默认基金是为了降低成本而设立的，参与者的默认基金

① SIEFORE 代表投资基金。

由雇主决定，由计划提供者负责管理默认基金。在实践中，默认基金并未规定特殊的资产配置比例，其资产配置与平衡基金较为相似。

澳大利亚超级年金基金形成五种默认基金，一是公司基金（Corporate Fund），由个人或团体雇员缴费形成；二是行业基金（Industry Fund），最初面向本行业或几个联合行业的雇员，如建筑业、餐饮业等特殊行业；三是政府基金（Public Sector Fund），由各级政府及其所属机构的雇员缴费形成；四是零售基金（Retail Fund），是由金融机构管理的超级年金基金，成员通过购买寿险代理商或投资顾问等中介机构的保单或投资单位来参加；五是小型基金（Boutique Fund），主要以个人和家庭为基础包含3—4名成员的小型基金。

英国存托养老金计划中的默认基金与澳大利亚的类似，具有明显的收入再分配特点，目的是为中低收入者提供简单、低成本的默认基金。计划通常由保险公司等资产管理者提供，在养老基金监管机构登记后向公众开放。雇主可采用不同的基金为雇员提供相应的职业年金，最低缴费只需20欧元，减少或停止缴费，或者转移资产均无罚款。前10年每个季度的费用收取比例不超过1.5%，10年后降至每季度1.0%。根据法令规定，存托养老金计划在提供选择之外必须提供默认基金，所有拥有超过5名雇员的雇主都必须参与计划，但无须为该计划缴费。从2005年起，默认基金由原来的平衡式投资转变为生命周期投资策略，也有一些100%投资于股票的默认基金。大部分默认基金均实行被动管理政策。

3.4.3 美国：401（k）计划中的自动申报机制

美国的养老金计划采用了自动申报机制，旨在提高401（k）计划的参与率、普及养老储蓄计划。美国的养老金保护法令规定，从2006年起参与者默认投资3%—10%的资产到401（k）计划中，这些资金投资于采用平衡投资策略的默认基金，雇员必须投资满2年，前90天内有退出计划的选择权。同时，法令还为参与者提供了一个安全保障，如果计划发起人没有履行《雇员退休收入保障法案》以及后来的养老金保护法所要求的责任，发起人将承担相应的后果，三种例外情况除外（在此暂不详述）。安全港仅针对默认投资选择标准，三种默认基金的投资策略分别是：平衡基金（Balance Fund）、生命周期基金（Lifecycle Fund）和管理账户（Managed Account）。

根据2006年养老金保护法以及相关监管条例对默认投资选择标准的规定，投资公司不能对账户所有人进行罚款，也不得限制账户所有人的账户转移，包括从默认账户向其他账户的转移。此外，必须由投资经理管理或者由符合1940年《公司法》要求的投资公司投资；默认基金账户不能投资于养老金计划发起人公司的股票；默认基金账户的投资组合必须是生命周期基金、目标日期基金、平衡型基金或者专家管理账户。

3.4.4 瑞典：特色模式下的高风险基金

瑞典默认基金投资策略反映普通投资者的资产配置，以便使参与者获得平均的市场化投资收益。瑞典在强制性的个人账户积累中建立了两种默认基金，即价格稳定基金（Premium Saving Fund，PSF）和附加选择基金（Premium Choice Fund，PCF）。PSF针对那些不想主动选择投资策略的投资者，投资收益几乎均来自资产利息，是风险极低的基金；PCF针对那些愿意主动选择但是希望政府参与资产管理的投资者。瑞典的默认基金由政府负责管理。

瑞典提供的个人选择相对自由，每个参与者最多可选择5只基金。第一年参与者主动选择的比例高，随后个人主动选择投资基金的比例逐步降低。由于瑞典具有良好的基础保障措施，瑞典养老金基础层次的替代率已经达到60%，缴费费率仅为2.5%，默认基金可以采用风险较大的投资策略。

3.5 默认基金对我国的借鉴意义

3.5.1 构建有效的养老基金投资管理模式

世界银行提出的三支柱、五支柱是各国养老保险体系建设的模板。

近年来，我国不同层次的养老保险体系建设已初见成效，养老体系框架基本建立。然而，由于存在多重阻碍，我国养老制度个人账户资金一直难以落实，养老体系多轨制迟迟没有突破。当前，我国养老保险实质上仍通过DB形式筹集，企业年金也未充分发挥对基础养老金的补充作用，反而出现"马太效应"，大型国有企业的年金发展迅速，而普通企业缺乏积极性为雇员提供补充养老金，导致普通企业雇员的养老金基本全部由基础养老金支撑。

完善一国的养老基金投资管理模式需要从本国的制度整合特征、居民金融意识、金融市场环境等因素出发进行创新，以选择最有效的养老基金管理模式。

基于我国的养老体系现状，仅在纵向上建立多层次的养老体系是不够的，在横向上也应该筹办多模块的养老保险机制，促进个人投资选择权和默认基金、DB型和DC型养老金共同发展。从总体的角度来看，个人投资选择权和默认基金理念存在矛盾之处，但两者并非不能共存于同一制度框架之内，两者相互补充能够促进养老金替代率目标更好、更快实现。例如，智利采用私营化养老基金，个人可选择的基金投资策略较为激进，相应的生命基金策略风险则比较低，两者相互配合，进一步丰富了投资的种类，瑞典的默认基金投资策略较为激进，但其基础层次已经稳定，替代率保持在60%左右，因此给予了默认基金较大的投资空间。从整体上看，默认基金的出现丰富了养老基金的风险水平，使同一层次内的养老基金既可以提供高风险、高收益的基金品种，又可以满足中等投资水平参与者对较低风险水平产品的需要。

显然，未来我国养老保障体系的改革方向是使现有的养老制度框架真正实现其制度目标，使养老资金的筹集、发放和养老责任的承担真正转变为多层次、多模块的分担。

3.5.2 发展默认基金，提供适度选择

非理性决策和默认基金的实证经验表明，我国的个人账户和企业年金账户均可以采用默认基金的形式，以发展默认基金为主，但同时也需要提供有限制的选择权作为辅助。

（1）强调个人责任。虽然为个人养老金提供个人投资选择权的做法并未在实践中大获成功，但是加强个人责任和开辟个人参与养老基金的途径仍然是未来养老制度建设的重要趋势之一。

第一，缴费与权益对等是保险的重要特征，也是以保险的方式解决养老问题的重要条件。正是因为保险产品强调缴费与收益的平衡，才使保险机制成为一种长效、持久和稳定的机制。比起社会救助和社会福利，保险模式具有一定的独有特点和优势。

第二，养老问题并非政府单方能够解决的问题，任何国家的财政都无法完全承担全部公民的养老任务。我国拥有近 14 亿人口，加强个人参与是养老制度未来的发展趋势，具体表现为：一方面，提高个人的缴费基数，使个人在养老收益中承担更多的储蓄责任；另一方面，为个人提供选择和管理的渠道，强调个人选择、个人管理和个人承担损益。

第三，个人账户的私有产权性质是个人拥有投资选择权的基础。养老金个人账户是所有者的私有产权，参与者应该对其自身的个人账户资产享有投资运营的选择权，即个人可以自由选择基金管理主体、基金投资方案和养老金给付方式。产权的明晰则能够更好地解决委托—代理关系带来的利益不一致的问题。

第四，由于委托—代理关系的存在，受托对基金进行管理的主体必须树立责任意识，同时适当激发委托人参与养老基金投资管理的积极性。

（2）逐步放开限制。在实施时间上，大部分国家采取循序渐进方式，逐步放开选择限制。首先采用弹性退休年龄、延长缴费期限的方式，随后可以提供多样性的给付方式，如联合年金等，最后提供可供选择的投资策略，以满足群体的不同收益需求。

默认基金的经验表明，提供有限、简单的选项是最有效率的改革方式。过多的选择不仅增加了参与者进行选择的困难程度，还会削弱规模效应，使金融市场的监管造成一定的混乱。众多可供选择的基金并不一定具有明显的差异性，避免同质化的投资策略和过分扩散的资产管理是未来我国的改革方向。

3.5.3 寻找过渡时期可接续的办法

默认基金应实践需要而生，是国外政策制定者对制度问题的迅速调整，这提示我国在进行养老制度建设时需要及时推陈出新，推出适合过渡时期的政策。在养老基金投资方面，放任空账、延迟做实空账的时机可能会扩大资金缺口，可以考虑将“空账运行”纳入管理体系，以名义收益率计息。此外，可以考虑发行高于通货膨胀率的特种国债，拓宽目前养老金的投资渠道，改变目前养老金只能赚取储蓄利息的现状。

从个人投资选择权的遇冷再到将默认基金作为养老金治理的重要部分，西方国家经过较短时间就完成了这一过程。在养老保险制度发展成熟的西方国家，政策调整的速度尚且如此之快，我国更应重视养老金制度中的问题，尽快推出解决方案。

单纯依靠资本市场运作难以完全补足财政缺口，针对目前我国养老基金及其体系中出现的种种问题，我国应尽早推出对应举措，利用政策引导参与者的行为，并进行监督和规范，完善我国的养老保险制度。

第4章 我国个人养老金账户的整体设计

从国际经验看，完整的养老金体系要涵盖第一支柱的基本养老金、第二支柱的企业年金和职业年金以及第三支柱的个人补充养老金制度。在我国人口老龄化程度日益加剧和财政支出压力加大的背景下，第一支柱养老金的替代率和第二支柱的覆盖范围均有限，必须加快构建以个人账户为基础的第三支柱养老金体系，弥补现有养老金体系的不足，使全体国民未来的老年生活得到更好的保障。

4.1 个人养老金账户的功能定位

4.1.1 完善养老保障体系的重要支柱

随着我国养老保障体系覆盖面逐渐扩大，以及政府职能转变、简政放权的逐步推进，单纯依靠政府的传统社保体系面临着巨大的财政和人员压力，社会养老保障市场化运作成为必然选择。

目前，我国已经建立起由政府负责的第一支柱的基本养老保险以及由企业和部分雇员参与的第二支柱的年金制度。为完善养老保障体系，强化个人在养老保障中的责任，我国还应引入个人自愿性养老机制，加快建立个人养老金账户制度，建立健全政府、企业和个人三者责任共担的多支柱养老体系。

4.1.2　应对人口老龄化严峻形势的有力措施

截至 2018 年年底，全国 60 岁及以上老年人口占总人口的 17.9%，共计 24 949 万人，其中 65 岁及以上人口 16 658 万人，占总人口的 11.9%。① 我国已经步入老龄化社会，且老龄化程度仍在持续加剧，养老成为维护国家稳定发展的重要议题。为应对人口老化的严峻形势，我国必须健全和发展养老保障体系。

虽然我国已初步搭建起由社会基本养老保险、企业年金和职业年金、个人储蓄性养老保险等构成的多层次养老保障体系，形成政府、企业、个人共同参与的三支柱共担养老责任的局面，但三支柱体系内部发展不平衡。第一支柱承担的养老职能过大，基本养老保险基金缺口持续扩大，财务持续性问题严重，仅依靠基本养老保险难以应对人口老龄化问题；第二支柱中的部分企业年金建立时间较短，存在发展滞后、规模较小等问题，多数年金仍处于积累时期，补充养老的作用未能完全发挥。因此，应加快建立第三支柱的个人养老金账户制度，以释放第一支柱过重的财政负担并弥补第二支柱发展的不足，使其成为应对人口老龄化严峻形势的有力措施。

4.1.3　满足老年生活质量需求的主要工具

第一支柱基本养老保险建立在“保基本、广覆盖”基础上，旨在为退休者提供基本的生活保障。但随着社会经济发展和生活水平的提高，人们已不满足于追求基本的物质生活，更要求精神生活的满足；作为补充养老保障的第三支柱个人养老金账户应在满足老年人衣、食、住、行等基本生活要求的基础上，提升老年人在生活照料、医疗护理、精神慰藉等方面的生活质量，改善个人退休后的生活水平。

考虑到退休金是目前收入的转移，具有储蓄的特性，因此个人养老金账户的设计应立足于合理安排参与者终生收入的总量，贯穿退休前、

---

① 资料来源：国家统计局 2018 年人口统计数据。

后阶段，根据其个人收入情况对自己退休后的生活做出预先的统筹安排，建立个人养老金账户，对个人养老储蓄资产进行投资规划，通过养老账户委托理财，满足个人养老需求。

4.2 个人养老金账户的参与人群

个人养老保障体系应兼顾效率和公平。在第一支柱“广覆盖”的基础上，第二支柱的企业年金和职业年金的参与者主要是企业雇主和雇员，起补充作用的第三支柱的个人养老金账户应坚持普惠原则，将工薪阶层和自由职业者，尤其是未纳入第一支柱、第二支柱的群体纳入覆盖范围。

首先，工薪阶层具有强烈的养老保障需求。大部分工薪阶层在退休前始终以供职为主要谋生手段，群体属性比较稳定，参与个人养老金账户制度具有持续性；同时，该群体收入来源比较单一，大多数人处于中低收入水平，享受到社会基本养老保障较为有限，亟待拓宽渠道积累养老金，对个人养老金账户投资和管理需求较大。

其次，个人养老金账户应该惠及自由职业者。尽管我国的养老保险保障已基本实现80%的“广覆盖”，但“低保障”的现实难以满足所有群体的养老保障需求。由于历史原因，我国基本养老保障制度主要是针对正规用人单位的固定就业形式而设计的，忽略了自由职业者日益强烈的养老保障需求。此外，由于自由职业者工资收入难以掌握，且收入金额不固定，其对第一支柱、第二支柱之外的市场化养老保障存在现实的需求。

4.3 养老金账户的模式：账户制

实施养老保障第三支柱的国际通行做法是建立个人养老金账户制

度，优势主要体现在四个方面：一是个人账户的实名制和唯一性保证了递延纳税后的税源不会流失；二是账户积累制可准确记录参与人的缴费和投资记录，累计额度成为计税基础；三是个人账户可根据参与人的意愿进行转移、携带或退出；四是参与人有自由选择权，可自由选择不同的金融行业和金融产品，有利于实现个人资本市场的优化配置。我国可借鉴其他国家第三支柱的发展经验，建立个人养老金账户制度，完善养老保障第三支柱，构建高效的养老保障体系。

4.3.1　实施个人账户制度，完善养老保障体系

从国际经验看，完善的养老金体系要涵盖第一支柱的基本养老金、第二支柱的企业年金和职业年金以及第三支柱的个人养老金账户制度。在我国人口老龄化趋势加剧和财政支出压力加大的背景下，第一支柱养老金的替代率和第二支柱的覆盖范围均有限，使作为“存量”的第一支柱和第二支柱难以支撑养老保障体系持续运转。因此，必须加快构建以个人账户为基础的第三支柱养老金体系，使个人账户按积累制独立运作，提高缴费激励和保障水平，以弥补第一支柱和第二支柱的不足，更好地保障全体国民的老年生活水平。

4.3.2　遵循自愿原则，实行资产信托管理

个人账户积累制意味着账户所有者需要放弃一部分的现时消费，将部分资金储蓄起来以备退休后使用。因此，实行个人养老金账户制度应遵循自愿原则，在民众自愿的基础上鼓励其参与补充养老。个人可自主选择是否开设个人养老金账户，并自由决定账户内资金的积累、转移或退出。

美国的《雇员退休收入保障法案》规定，养老金资产必须以信托方式进行管理和处置。目前，美国公共养老金、雇主养老金和IRA三大支柱均采用信托型管理模式，账户持有人可以自行选择股票、基金等不同的投资组合方式（对难以做出选择的账户持有人推出作为默认产品的生命周期基金），对我国个人养老金账户的发展具有借鉴意义。

个人养老金账户属于养老金体系的一部分，其设立目标同样立足于长期的投资和储蓄，而专业的信托管理是实现个人养老金基金保值和增值的最佳选择。主要有以下三方面原因：第一，信托模式受政府监督，由专门的投资机构进行管理，账户持有人可随时查看投资情况，降低了养老金被非法挪用的可能性，也避免了委托人财务状况恶化的影响；第二，信托模式中的资金将委托专门的投资机构独立托管，这些机构多为专业的基金公司和投资银行，投资经验丰富，账户持有人可享受稳健的投资保障；第三，我国基金公司在信托基金的管理方面也具备了初步的基础，基本养老金的初尝入市，在一定程度上为个人养老账户未来真正“下海”提供了前期借鉴。

我国的个人养老金账户一旦采用信托管理方式，养老金资产就必须独立于计划发起人资产、管理机构自有资产和其他资产，并由第三方机构独立托管，以保证资金安全，实现“运作透明、监管严格、操作灵活”的目标。信托化管理模式意味着各金融子行业均可参与、各类金融产品均可选择，账户所有人能够按照不同的风险偏好选择投资产品，通过大量具体的投资组合工具实现不低于市场平均水平的投资收益，助力实现个人资本市场的优化配置。

4.3.3 搭配政策支持，实行递延纳税

推出第三支柱个人养老金账户并非一蹴而就，发展第三支柱需要政府有关部门的政策支持。为了保证账户运营管理的安全、高效和便捷，激发民众参与积极性，充分发挥第三支柱的养老保障功能，在建立和发展个人养老金账户制度的过程中，应注重配套后台技术研发和政策支持。

2017 年 7 月，国务院发布《关于加快发展商业养老保险的若干意见》（以下简称《意见》），确定到 2020 年实现建成产品形态多样、持续适度盈利的商业养老保险体系的目标。税收递延型养老保险试点方案已获有关部门通过，各大保险公司已做好前期产品、销售方面的准备工作，税收递延型养老保险产品试点一旦开启，将较快、较好地实现产品推广与布局。全面建立多样化、持续适度盈利的商业养老保险体系，将

为发展商业养老保险夯实政策基础，预计未来将会有更多的支持性细则文件出台。为实现该目标，《意见》指出：一是要在产品端丰富商业养老保险产品的供给，特别是安全性高、保障性强、满足长期或终身领取要求的商业年金保险，并推动企业年金计划；二是要在投资端参与社会保障基金投资运营；三是要在决策层加强投资和财税支持，落实好国家支持现代保险服务业和养老服务业发展的税收优惠政策，对商业保险机构一年期以上的人身保险保费收入免征增值税。

我国个人养老金账户的建立和发展尚处于起步阶段，各方面制度建立仍不够完善。个人养老金账户的运行时间跨度大，对个人养老金账户进行监督和管理是促进其实现养老保障职能的重要基础和前提，国家管理部门和相关职能机构的政策支持尤为重要。

个人税收递延型商业养老保险是指个人购买符合规定的商业养老保险支出，允许在申报个人所得税时按一定标准税前扣除，直到领取商业养老金时才征收个人所得税的一种商业养老保险。自 2007 年起，上海保监局积极推动个人税收递延型商业养老险试点，持续开展试点准备工作。2018 年 4 月 2 日，《关于开展个人税收递延型商业养老保险试点的通知》（财税〔2018〕22 号）正式出台，决定自 2018 年 5 月 1 日起，在上海市、福建省（含厦门市）和苏州工业园区三个地区开展为期一年的试点。4 月 25 日，中国银保监会、财政部、人力资源和社会保障部、国家税务总局联合发布《个人税收递延型商业养老保险产品开发指引》，规定税收递延养老保险产品包括收益确定型、收益保底型、收益浮动型三类、四款产品，消费者可根据自身的需求、偏好、年龄等情况选择购买一种或者多种产品。投保者在账户积累期，可以在同一保险公司的不同类型产品间转换投保，也可以转到其他保险公司的个人税收递延型商业养老保险产品。6 月 7 日，中国太平洋保险（集团）股份有限公司在上海市签发了全国首张个人税收递延型商业养老险保单，投保客户为我国首架国产大飞机 C919 首飞机长蔡俊，标志着个人税收递延型商业养老保险试点政策正式落地实施。

由于投保人在购买保险和领取保险金期间时间跨度较大，其边际税率会有较大区别，再加上通货膨胀等因素，会增强税收优惠效果，从而拉动个人购买养老险的需求。具体操作上，购买此险种可享受三个环节的税收优惠：一是直接减轻个人的当期税负，按月领取工资薪金的，按照当月工资的6%和1 000元两者孰低的方法确定扣除限额；二是积累环节投资收益暂不征税；三是个人领取环节可以享受减免税优惠，其中商业养老金25%的部分直接免税，剩下的75%按照10%的比率征收个人所得税，实际税负为7.5%。

2015年，财政部财政科学研究所原所长贾康表示，我国个人所得税纳税人约有2 800万人，保守估计到2018年将达到3 000万人。中性假设下，50%的个人所得税纳税人对税收优惠更为敏感，即最终将有1 500万人购买税收递延型养老保险产品，预计每人每月缴费700元，则一年能获得约1 260亿元税收递延型养老保险保费收入。然而，上述测算仅为静态测算，如果从动态来看，随着居民收入水平的提高，实际纳税人数量将会进一步增长，目标人群的扩大有望催化更大的潜在市场。保险产品逐步升级将给予消费者更加丰富的产品选择，满足消费者差异化和个性化的养老保障需求。在我国人口老龄化进程加快的背景下，居民的自我保障意识逐渐加强，对保险的需求日益提升。长期来看，结合当前已有的税收递延型政策激励以及未来可能出台的更多税收优惠政策，我国税收递延型养老保险市场有望在经过10年发展后打开万亿级增量市场。

税收递延型养老保险的试点及发展，将对弥补养老资金缺口发挥积极作用。短期来看，个人税收递延型商业养老保险的实施可能会在短期内减少政府的财政收入，但随着新政策实施，保险公司的业务量和营业额将大幅上升，上缴的增值税和所得税也会大幅增加，保险公司增加的上缴税款可以间接弥补个人所得税减少给财政收入带来的损失。当前我国养老保障体系的现状是基本养老保险占比过高，养老保险体系发展极不平衡。此次以税收递延型商业养老保险方案能够在一定程度上缓解这种失衡状况，标志着我国养老保险制度逐渐融入市场化因素。

4.4 个人养老金账户设置：银行+平台模式

在个人养老金账户设置方案选择时，应着重考虑两大核心问题：普惠制度及唯一性校验。第三支柱的目标是涵盖工薪阶层和自由职业者，尚未纳入第一支柱的群体可自由选择是否参加。开设账户时，参与人应当进行唯一性校验，以真实记录参与人信息，防止偷税漏税行为，体现养老保障体系的公平性和普惠性。个人养老金账户作为第三支柱，要保障每一个愿意为自己储蓄养老金的个人有公平的参与机会，特别是要发挥补充养老保障的作用，创造更多的投资机会给尚未纳入第一支柱、第二支柱的群体。

为了防止个人在参与第三支柱养老保险过程中不当运用税收优惠进行偷漏税，个人养老金账户必须具有唯一性。参与人开设账户时应进行唯一性校验，以保证参与人信息记录的真实性。遵循个人自愿原则设立的个人养老金账户，可以考虑把居民身份证号码作为识别信息，规定每名公民只能在银行机构开设唯一的个人养老金账户。

个人养老金账户设立大致有四种方案：一是将账户开设在基本养老保险账户；二是将账户开设在中国证券登记结算有限公司（以下简称中登系统）；三是将账户开设在银行；四是综合各系统优势，个人在托管银行开户，账户信息在中登系统进行双重备份，并参照公募基金托管行与中登系统的报备方式，完成中登系统与税务信息系统的对接，为税务部门提供征税依据。结合我国个人账户的管理需求及技术水平，上述方案中的第四种方案为最优选择。

4.5　投资产品

2016 年各国养老金资产配置情况如图 4.1 所示，资本市场中传统的核心资产包括流通股票和债券。流通股票和债券构成了养老基金资产组合的核心标的。OECD 成员的养老基金资产投资十分多元化，但股票和债券在其养老金资产投资中仍占据非常大的比重。例如，荷兰养老金资产配置中债券投资占比为 54%，美国和澳大利亚养老基金的股票投资比例也都达到了 49%。除股票和债券外，其他私人股权、房地产和金融衍生品等也逐渐成为养老基金资产组合的重要组成部分，为不同偏好人群提供了更加丰富的选择。

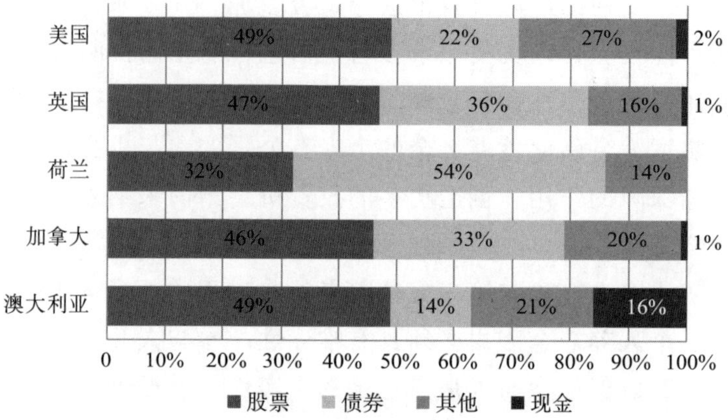

图 4.1　2016 年各国养老金资产配置情况

赋予具有不同风险偏好的个人在资产配置时的自主性与灵活性，是美国 IRA 最突出的特点。美国家庭持有 IRA 的投资类型及占比情况如表 4.1 所示。美国投资公司协会（ICI）调查显示，2015 年美国个人退休账户平均配置 3 类资产，其中共同基金是大部分家庭 IRA 资产配置的首选，有 64% 的家庭投资共同基金。个人股票投资也是很多风险偏好者重要的投资方向，42% 的投资者选择直接投资股票。截至 2015 年 12 月 31 日，IRA 的投资中，公募基金占比最高，达到 48%；银行存款和保险产品的占比分别为 7% 和 5%。

表 4.1　　美国家庭持有 IRA 的投资类型及占比　　单位：%

	任何 IRA	传统 IRA	罗斯 IRA
1. 共同基金（合计）	64	64	59
股票基金	46	46	38
债券基金	26	26	18
混合基金	34	32	27
货币市场基金	30	30	21
2. 个人股票投资	42	42	31
3. 寿险公司年金产品（合计）	33	34	19
4. 银行存款	24	24	14
5. 个人购买债券	15	14	9

续表

	任何 IRA	传统 IRA	罗斯 IRA
6. 美国储蓄债券	17	16	11
7. ETF 产品	13	13	11
8. 其他	7	6	5
IRA 配置资产的平均种类	3 种	3 种	3 种

资料来源：ICI，Additional Data on IRA Ownership in 2015。

1995 年和 2015 年，美国各类金融机构在 IRA 市场占有份额的情况如图 4.2 和图 4.3 所示。

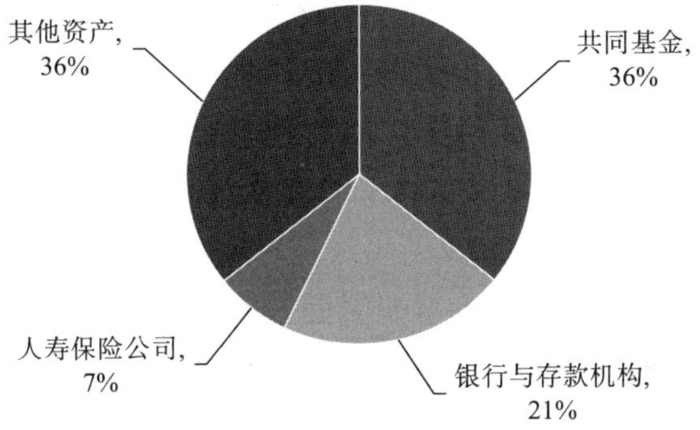

图 4.2　1995 年美国各类金融机构在 IRA 市场的占有份额

资料来源：ICI，2016 Investment Company Fact Book。

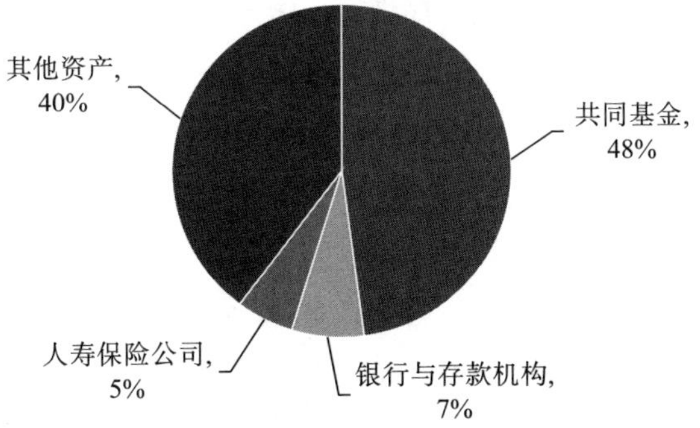

图 4.3　2015 年美国各类金融机构在 IRA 市场的占有份额

资料来源：ICI，2016 Investment Company Fact Book。

个人将资金投入养老金账户的动机是在资金安全的前提下，放弃现时消费而保障未来消费，因此账户资金的安全及增值成为选择投资产品时的首要参考标准。投资产品应具有丰富的选择种类、稳健的投资收益、成熟的管理机制、规范的运作形式以及透明的信息披露等特征。借鉴美国经验，为满足我国个人养老金账户的储备和投资的功能定位、实现养老保障的功能需求，个人养老金账户的主要投资产品可以选择公募基金、保险产品、银行存款等。

4.5.1 保险产品：养老服务有经验，产品本身存缺陷

保险业一直为企业年金计划提供相关服务，承担受托管理和投资管理等多重责任，积累了一定经验。商业保险通过向社会提供多样化的养老保险产品和服务，在一定程度上可以弥补社会养老保障的不足。

虽然养老保险产品在弥补我国社会养老保障方面能发挥了一定作用，但是其制度属性决定了养老保险产品无法完全满足个人养老投资需求。

首先，保险行业未出台针对投资管理的法律规范。《保险法》第二条规定，保险是“指投保人根据合同约定，向保险人支付保险费，保险人对于合同约定的可能发生的事故因其发生所造成的财产损失承担赔偿保险金责任，或者当被保险人死亡、伤残、疾病或者达到合同约定的年龄、期限等条件时承担给付保险金责任的商业保险行为”。商业保险的基本业务范围并不涵盖投资管理，《保险法》第九十五条规定的保险公司的业务范围包括：“一、人身保险业务，包括人寿保险、健康保险、意外伤害保险等保险业务；二、财产保险业务，包括财产损失保险、责任保险、信用保险、保证保险等保险业务；三、国务院保险监督管理机构批准的与保险有关的其他业务。”

其次，保险产品的资金安全存在风险，与以基金为代表的资管产品存在本质区别。购买养老保险产品的行为并非真正的受托关系，养老保险产品会作为保险公司的负债进入资产负债表。养老金资产安全会受到金融机构经营风险的影响，一旦保险公司发生破产，在破产清算时受保人并不具有绝对的优先受偿权，养老金资产安全难以保障。

最后，在保险公司风险承受范围内，商业养老保险产品只能提供有限的稳定收益。商业养老保险产品在追求收益的同时，也提升了资产配

置风险水平，进而对保险公司控制经营风险提出了挑战。商业养老保险产品在投资收益方面处于两难的境地，提高收益意味着公司的经营风险增加，但维持稳定收益又不利于第三支柱的普及和发展。

4.5.2　公募基金：养老管理经验足，投资能力好

首先，公募基金具有制度优势且业绩表现突出。制度方面，按照监管要求，中国的基金管理行业建立了完善的公司治理和管理机制，透明度高，运作规范，风控体系完善。同时，基金公司在价值投资、长期投资和专业投资等方面的投资理念同养老金投资属性高度吻合。截至 2016 年 6 月底，开放式偏股型基金自设立以来投资业绩大幅增长，年化收益率为 17.47%，超越同期上证指数涨幅 9.91 个百分点；开放式债券型基金自设立以来，年化收益率为 8.38%，超过同期 3 年期银行定期存款基准利率 5.63 个百分点。[①]

其次，公募基金是国外养老金的主要投资产品。截至 2015 年 12 月 30 日，美国 DC 型计划和 IRA 资产总额分别达 6.7 万亿美元和 7.3 万亿美元。总体来看，资产配置结构呈现银行存款逐年下降、基金逐年上升、保险长期占比较低的趋势。截至 2013 年 12 月 31 日，DC 型计划和 IRA 投向公募基金占比分别为 60% 和 45%（见图 4.4 和图 4.5）。美国 2006 年颁布的《养老金保护法案》（PPA）设置了“合格默认投资选择”机制（QDIA），美国劳工部选择了生命周期基金、生活方式基金以及定制专户三类产品，雇主可以默认将雇员的养老金投向这些产品以取得稳健收益。随后，公募基金也成为英国和智利个人养老金投资的默认选择。

在我国国内养老金投资管理实践中，公募基金发挥了重要作用。截至 2015 年年底，全国社保基金、企业年金委托管理规模达到约 2 万亿元，养老金主要委托公募基金投资管理。其中，公募基金管理占比为 59%，规模约为 1.2 万亿元，选择公募基金管理的企业年金规模为 3 642 亿元，全国社保基金规模为 7 944 亿元。自 2001 年成立以来，公

① 资料来源：中国证券投资基金业协会 2016 年统计数据。

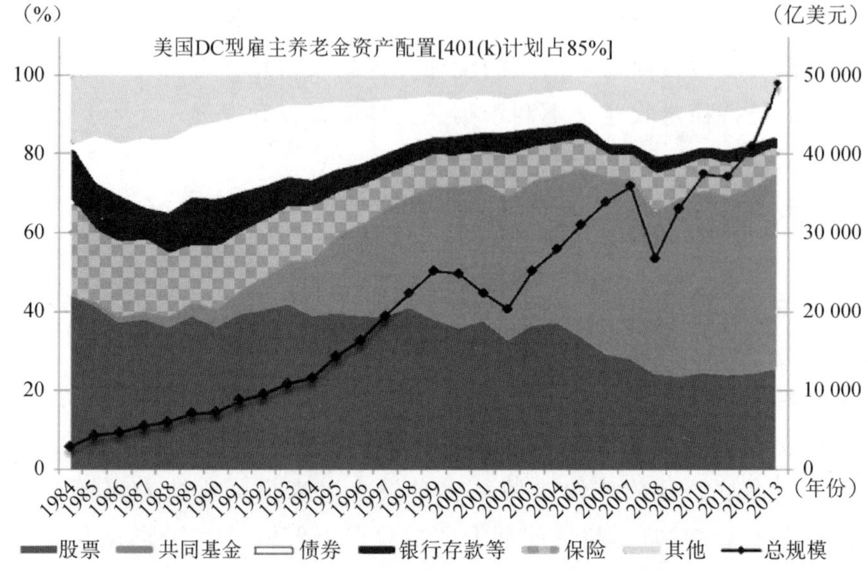

图 4.4　1984—2013 年美国第二支柱 DC 型计划资产配置情况

资料来源：美联储统计数据。

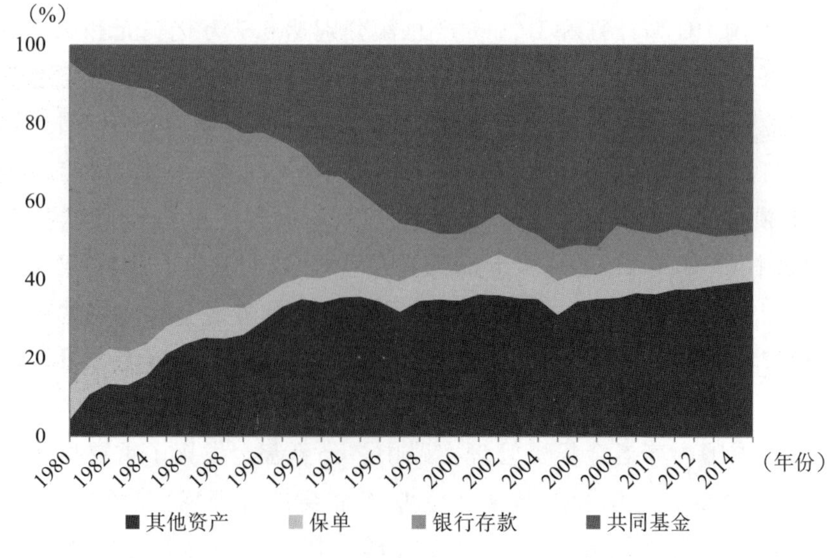

图 4.5　1980—2014 年美国第三支柱 IRA 资产配置情况

资料来源：美国投资公司协会（ICI）统计数据。

募基金作为社保基金最重要的境内委托管理人，在目前全国社保的 18 家境内管理人中占 16 席，占境内委托管理资产的 86%。截至 2015 年

12月30日，在15年的社保基金运作过程中，公募基金管理的年均投资收益率达8.82%。除此之外，在企业年金投资管理人的20家公司中，有11家为基金公司，7家为保险公司，2家为券商公司。公募基金的专业投资能力得到了社保部门的认可，在积累经验、增强投资能力的同时，也为养老金资产的保值增值做出了重要贡献。

4.5.3　以房养老：反向抵押贷款，风险与机会并存

“以房养老”模式是建立在金融保险工具基础上的一种新型养老基金模式。这种模式在国外已经被证明是一种成熟的融资途径和有效的养老方式，逐渐成为全世界老年人改变传统生活方式、享受高质量生活和实现生活效用最大化的重要途径。该模式起源于荷兰，已在全球20多个国家相继推出，其中发展最为成熟的是美国。

“以房养老”是一种反向抵押贷款方式，即“倒按揭”，是指房屋产权所有者在继续拥有居住权的前提下，把房屋抵押给银行、保险公司等金融机构，金融机构根据房主的年龄、身体因素、房产价值等进行评估，在一定年限内给予房主资金，但在房主去世后取得房屋所有权的一种贷款形式。

“以房养老”的住房反向抵押贷款模式在国外取得了很好的实施效果，为我国实行“以房养老”政策提供了经验借鉴。在美国，“以房养老”模式下的领取金额取决于房屋的净价值、未来增值、折损情况、贷款利率、借款人预计寿命等因素，通常为房屋净价值的50%—60%。美国要求个人在申请“以房养老”前，必须参加一个由联邦房屋管理机构批准的咨询课程，由注册批准的咨询师解释反向贷款的运用方式、金融与税务陷阱、支付途径和产生的费用等，以保护消费者权益。

日本的“以房养老”有直接和间接两种方式。在直接的融资方式中，提出申请的老人（一般要求65岁以上）可以将房产或地产作为抵押，然后从政府机构获取养老金。养老金可以逐月领取，也可以按季度领取，但养老金领取总额不能超过抵押房地产时价格的80%，申请者还需要设定担保人；在间接融资方式中，政府接受申请者的申请并予以

审查，然后作为中介将个人介绍给金融机构，再办理房地产抵押和领取养老金手续。一般来讲，由于政府出面介绍并提供审查担保，申请者的信誉较高，因此办理“以房养老”的成功率也会较高。

“以房养老”可以为老年人提供一个充分利用自有房屋的机会，提高老年生活质量。另外，该项金融工具无追索权，仅有房屋价值可以用于还款。如果贷款到期，即使房屋价值低于贷款价值累计额，借款方也无须偿还不足部分。由于我国住房自有比例高、人们理财观念的逐步增强以及房地产二级市场的活跃等因素，也为我国实施“以房养老”提供了制度可行性，“以房养老”可以在增加老年人养老选择的同时有效满足社会养老需求。但根据国外发展经验来看，“以房养老”具体贷款比例需根据借款人年龄、贷款利率、房产价值等因素共同决定，申请程序烦琐，流程复杂，且与家庭资产传递理论相悖。

随着我国老龄化进程的加快，养老问题的复杂性和艰巨性日益凸显。2013 年 9 月，国务院颁布《关于加快发展养老服务业的若干意见》，提出将有规划地在全国范围内开展“以房养老”试点，首先在北京市、上海市、广州市、武汉市进行为期两年的试点。2015 年 3 月，经过中国保监会批复的幸福人寿保险股份有限公司的《幸福房来宝老年人住房反向抵押养老保险（A 款）》是首款保险版“以房养老”产品。同年 4 月，两位老人与幸福人寿保险股份有限公司签下投保单，标志着“以房养老”保险正式落地。根据银保监发〔2018〕43 号文件规定，2018 年 7 月 31 日老年人住房反向抵押养老保险开展范围扩大全国。

“以房养老”模式对我国而言风险与机会并存。“以房养老”由于涉及面广、风险大，需要稳定的金融市场作为支撑。但是，目前我国金融市场还不够发达，金融产品较为有限，金融管理体系相对落后，金融机构参与积极度不高。同时，“以房养老”模式需要完善的房地产市场作为支撑才能顺利运行，但是受经济、政治、文化的影响，我国房地产市场走势不稳定，存在诸多不确定因素。

4.5.4　养老地产：商业养老机构试水养老地产

当前国内保险机构已经探索出一种较为成熟的模式，即养老地产模式。养老产业缺口较大间接促进了我国养老地产的发展，但是仍存在养老床位较少、养老产业缺口较大等现实问题。截至2018年年底，全国养老服务机构近3万个，养老服务床位746.4万张。[①] 据国家统计局数据，2018年我国60周岁及以上人口24 949万人。以此计算，每千名老年人口拥有养老床位仅为29.9张。我国整个养老产业缺口大、老年人口消费能力较强促使商业保险公司发展养老产业空间广阔。

养老地产的分类如表4.2所示，养老地产将养老产业与房地产行业结合，以老年人群体为服务目标，提供具有完备设施的住宅和符合老年人身心需求的综合性服务，包括居住养老、医疗护理、健康管理和文娱活动等内容。随着我国人口老龄化问题凸显，我国将构建更加完善的养老服务体系，采取相关措施支持社会资本布局养老产业，助力商业保险机构介入养老产业链，投资养老地产，加快养老服务业发展。同时，由于保险行业将保险资金投资于不动产的限制逐渐放开，将进一步促进养老服务业的不动产投资，商业保险机构布局养老地产具有较好的前景。

表4.2　　养老地产分类

医护型养老院	服务于无亲属在身边、生活无法自理且需要专业医疗护理的老年人
老年公寓	居家养老和社区服务相结合，是市场化运作的商品住宅
老年社区	普通住宅小区，且入住群体主要是老年人

保险公司投资养老地产的模式如表4.3所示。投资养老地产模式具有多样化的特点，可以参考、借鉴发达国家的成熟经验。如表4.3所示，美国保险公司的财务投资模式，得益于美国保险资金广泛的投资渠道和多样化的管理方式，主要通过间接投资养老地产获得投资收益；日本保险公司的股权投资模式立足于保险公司强大的资源整合能力，直接参与养老地产项目，便于保险公司战略的实施；英国保险公司的收购投资模式，更注重提供专业养老服务，对资金需求较低，更利于发挥自身经营优势。

① 资料来源：《2018年民政事业改革发展情况》。

表 4.3　　发达国家保险公司投资养老地产模式

财务投资	美国	保险公司以财务投资方式购买 REITs（房地产投资信托基金），REITs 投资养老社区，涉及养老地产与养老服务
股权投资	日本	保险公司以股东出资的形式，整合各产业资源，参与养老地产项目
收购投资	英国	保险公司以不动产为依托提供养老服务，更注重提供专业养老服务，不关注不动产的持有问题

4.6　养老金市场投资的主要资产管理机构

借鉴海外养老资产管理发展经验，当前我国市场环境下的资产管理机构主要可以分为三大类：保险系公司、券商系公司和基金系公司。从资产管理规模看，截至 2018 年年末，投资管理企业年金资产在千亿元以上的机构有三家，都为保险系公司。前三位的依次为泰康资产管理有限责任公司 2188 亿元、平安养老保险股份有限公司 2065 亿元、中国人寿保险股份有限公司 1603 亿元，所占份额分别为 15.38%、14.51%、11.27%，三家合计份额超过 41%，市场集中度略有提升。[①] 保险系资产管理机构的资产管理规模占比表明保险资产管理机构在养老资产管理中具备明显的经验优势。

随着受托管理业近几年的发展，保险系机构已经积累了大量的各类型账户受托投资管理经验和大额资产管理经验。同时，在激烈的外部市场竞争中，保险系机构也越来越重视包括各类养老金在内的资产管理业务等业外资金服务，新开发了一系列符合长期限资金需求的资产管理产品，从产品的市场研究、发行、日常管理到账户投资管理能力，均受到市场和委托人的认可。经过多年的企业年金基金管理实践，保险系机构在投资管理团队、内控制度体系、投资研究能力、风险控制保证、信息系统搭建等方面积累了丰富的经验。此外，保险系资产管理机构能在养老金融市场中异军突起，也得益于该行业有着较为完备的风险监管体

① 资料来源：2018 年企业年金基金运作数据。

系。作为保险系机构的主管部门，中国银保监会在推动改革创新的同时，切实强化监管，守住风险底线，通过加强风险的持续性监测和预警，避免出现大的风险事件特别是系统性风险；通过推进运用信息披露、内部控制、分类监管、资产负债匹配、资产托管等监管工具，强化事中监管，提升监管现代化水平。

在国家政策的扶持下，我国养老金融市场迎来了快速发展时期，充足的市场机会激励着养老资产管理机构加大资源投入、完善投资调研体系、丰富资产配置策略、储备人才资源。在不断深化的养老资产管理市场化改革过程中，各资产管理机构在竞争中成长，最终成为兼具资产配置能力、宏观研究能力、一二级市场投资能力的全能型机构。从养老资金投资的长远考量，目前养老金的管理模式应充分借鉴同类资金和经过市场考验的长效机制的管理经验，借助市场化的手段提升资金运用效率，确保养老金制度稳健运行。

此外，将更多的专业养老资产管理机构纳入养老金投资管理人行列，培育和挖掘更多潜在养老资产管理机构，进一步促进基金资产保值增值，推进养老金市场化改革进程，推动更多投资管理机构参与市场竞争。我们建议：一是设置科学、合理的投资管理人选聘标准，筛选出更多与养老金投资管理需求相适应的资产管理机构；二是建立投资管理人动态管理机制，为投资管理引来源头活水，激励投资管理人不断提升管理水平；三是勇于吸纳业绩优良的资产管理机构，让有能力、有实力的资产管理机构有动力、有机会参与到养老金的投资管理中来。

促进市场化专业机构的发展能更好地推动我国养老金融市场的健康成长，推动中国养老金体系的建设，推动我国养老金市场公平性与效率性的实现，促进我国养老金市场与国际接轨。

4.7 完善信息平台，支撑监督管理

推出个人养老金制度，要求财税、人社、金融监管等部门与行业协会等机构之间加强协调配合，要求金融机构在开户、缴费、投资、领取

和纳税等全账户流程中全程参与。同时，我国应建立各类机构均可以对接的全国统一信息平台，实现账户基本信息、账户资金信息和个人纳税信息的实时交互，确保监管部门和税务机构的高效跟踪管理。

统一信息平台应为投资者、产品发行人、商业银行、税务机关等多方提供服务。产品提供机构可在平台上展示其产品，维护产品基本信息、销售渠道、费率和定期报告，并集中展示给投资者；投资者可在平台上完成账户查询、投资操作、信息查询等服务，也可以自行查询账户基本信息、投资流水记录、投资额度、资产类别，从而全面掌握账户状态和投资运作状况；平台连通商业银行进行资金结算，支持养老产品交易和资金划转，建立流畅运转的交易环境；平台连通商业银行进行税款缴付，对投资者享受的税收优惠投资额度进行全面展示，根据税收递延优惠政策统一计算应纳税额以及税后领取金额；连通税务机关实现税收征缴信息的查询，最终实现信息流在运作平台的集中，保证税源的完整性。

第5章

我国个人养老金账户税收政策设计

税收政策是个人养老金账户建立过程中非常核心的环节，我国个人养老金账户制度尚处于顶层设计阶段，目前政策制定部门还在统筹研究个人养老金账户的税收政策操作安排，国家对于个人养老的政策激励仍然缺位，完善相关税收政策设计是加快建立个人养老金账户制度亟待解决的关键问题。

5.1 税收政策设计的共识和原则

5.1.1 部门通力合作，达成基本共识

总结世界各国第三支柱的发展潮流，结合我国构建第三支柱的政策目标和制度雏形，在制定和设计税收政策时，各部门间应达成以下几个共识：

第一，应该引入和建立一个“个人养老账户”。这是个人自愿建立第三支柱养老保险的载体，是递延纳税的记录平台，所有的养老产品的购买和投资，都须在账户内进行和完成，账户的后台与税务记录系统连接。

第二，第三支柱覆盖的范围不仅限于商业保险产品，还应覆盖包括基金产品的其他适合投资的金融产品。产品可以有契约型和信托型等多

种类型，也可以具有保险和投资等多重功能。

第三，第三支柱离不开商业保险，商业保险更需要第三支柱。尤其是商业保险提出和个人税收递延型商业养老保险产品问世已有 10 年，前期准备充分，是商业保险发挥更大作用的重要历史性机遇。

以上三点原则是制度设计上各部门通力合作的基础，是个人养老金账户税收政策能够尽快出台的依据。第三支柱的不断完善不仅将在经济方面助力中国发展，也将在跨越中等收入陷阱的历史进程中，在民生、社会保障等方面保障中国发展。

5.1.2 坚持税收法定原则

税收法定原则，是指通过立法形式确定全部税收问题的税法基本原则，即如果没有相应法律作前提，国家则不能征税，公民也没有纳税的义务，其主要由三部分组成，分别是税种法定、税收要素法定和税收程序法定。确定和明确的税法规定是税收法定原则的要求。

个人养老金账户的税收政策应坚持税收法定原则，与我国现行的《个人所得税法》相结合，明确规定个人养老金账户的税种、税收要素及税收征管程序，并以法律的形式确定下来，防止个人偷税漏税给国家税收造成损失。

5.1.3 公平与效率相结合

任何税收政策的制定都应遵从公平原则和效率原则。税法的基本原则之一就是公平原则，即具有相同纳税能力的人应该负担相等的税负，不同纳税能力者应负担不等的税负。政府征税的目的是使各个纳税人的纳税负担与其经济状况相匹配，并使不同纳税人之间的税收负担水平保持均衡。

以最小的成本获取最大的税收收入是效率原则的主旨，除此以外，还要利用税收的经济调控作用尽可能促进经济的发展，或最大限度地减轻税收对经济发展的阻碍。税收效率包括两方面：一是行政效率，指的是征税过程自身的效率，它要求税收成本在征收和缴纳的过程中耗费达到最小；二是经济效率，即征税应有利于促进经济效率的提高，或者可以将对经济效率的不利影响降到最小。

个人养老金账户的税收政策应注重公平和效率相结合。在公平方面，养老金制度要采取的税收政策应具有普惠性质，政府应合理调节各方利益，承担起居民基本生活保障的“兜底”责任。为促进个人养老金账户制度的发展，提高居民参与度，应该以确保个人养老金账户的公平性为前提，加大税收优惠力度。在效率方面，第三支柱的税收政策应具备经济效率，以促进养老保障第三支柱的落地与推广，推动养老保障整体制度的健全和发展。推动养老金制度由现收现付制模式转向完全积累模式，促进金融体系由间接融资转向直接融资，使人们享有的养老权利和支付养老金的义务对等、待遇水平和缴费额度对等，从而发挥税收政策激励人们勤奋工作的作用。此外，个人养老金账户的税收模式还应注重行政效率，尽可能降低征管成本。

5.1.4 立足我国基本国情，坚持适度原则

税收适度原则，指的是税制建立和税收政策运用需要兼顾财政与经济承受能力，做到取之有度。遵循适度原则，要求税收负担恰当，即税收收入既能维持正常的财政支出需要，又可保持与经济发展的协调同步，并在此基础上，尽量减轻宏观税收负担。

养老保障体系实际上并不存在所谓的最优模式，各国都是依照自身国情和实际需要建立养老金制度，我国也应基于自身国情进行制度规划。只有立足于我国基本国情，兼顾制度需要与经济承受能力，坚持适度原则，才能真正建立个人养老金账户税收政策的最佳适用模式。

立足我国基本国情，一方面考虑到新出台运作的个人养老账户能否与已有多年运作经验的基本养老金和企业年金制度相配套，三支柱达到合理搭配、有效运转；另一方面也应基于我国人均收入水平考虑是否达到推行条件，现有征管条件是否具备以及个人所得税制改革进展情况等。

坚持适度原则，要求个人养老金税收政策兼顾国民养老需要与经济承受能力，做到取之有度。要保证参与者税收负担适中，税后收入既能

满足其正常的养老需要，又能在宏观上保持与经济发展协调同步。对于第三支柱的制度设计与推广实施，要立足我国现行税制和经济情况等国情，并参考和借鉴国际上成功的经验，在深化改革的过程中逐步定型并完善有关制度。

5.2 不同税收制度模式及优劣势分析

5.2.1 个人养老金账户税收制度模式

个人养老金账户的税收制度模式将个人养老金账户参与过程分为缴费、投资和领取三个阶段，对应三个涉税环节：第一，缴费阶段，包括由单位代扣代缴和个人自行申报，个人向个人养老金账户缴费时的缴费金额能否从应纳税所得额中扣除；第二，投资阶段，参与者在选择了投资产品组合后，对于从个人养老金账户中定期取得的投资收益，是否应该征收个人所得税；第三，领取阶段，退休后从个人养老金账户中领取养老金时是否征收个人所得税。由于这三个阶段都可以采取征税（Tax，用 T 表示）和免税（Exempt，用 E 表示）两种不同的税收处理，如果对三个阶段进行排列组合，理论上可以分为三大类、八小类的税收制度模式，如表 5.1 所示。

表 5.1　　个人养老金账户的税收制度模式

税收模式	非递延模式			递延模式			特殊模式	
	TTE	TEE	TET	EET	ETT	ETE	EEE	TTT
缴费阶段	T	T	T	E	E	E	E	T
投资阶段	T	E	E	E	T	T	E	T
领取阶段	E	E	T	T	T	E	E	T

注：T 指代 Tax，征税；E 指代 Exempt，免税。

从表 5.1 可以看出，个人养老金账户的税收制度模式主要包括三个大类：非递延模式、递延模式和特殊模式，这三种模式又包括不同的子目。非递延模式包括 TTE、TEE 和 TET 三种模式，共同之处在于第一阶段即缴费阶段均需要纳税。其中，TTE 模式投资阶段需要纳税而领取阶段免税；TET 模式投资阶段免税而领取阶段需要纳税；TEE 模式在缴费阶段外的其余两个阶段均不再纳税。递延模式包括 EET、ETT、ETE 三种模式，与非递延模式基本原则正好相反，其将本该在缴费阶段缴纳的税款延迟到之后两个阶段缴纳。其中，EET 模式在缴费和投资两个阶段免税，在领取阶段纳税；ETT 模式在缴费阶段免税而投资和领取阶段纳税；ETE 模式在投资阶段纳税而其余两个阶段免税。特殊模式则包括两种较为绝对的、极端的税收制度模式，即三个阶段都免税的 EEE 模式和三个阶段均需要纳税的 TTT 模式。

5.2.2　八种不同税收制度模式的优劣势分析

理论上八种不同类型的税收制度各有优劣，简要分析如下：

（1）EEE 模式和 TTT 模式。相较于其他模式，EEE 和 TTT 这两种模式比较极端，前者过于偏向纳税人的利益，需要政府强有力的财政支持，不利于政府的财政收入储备，而且容易加剧“富人越富、穷人越穷”的社会现象；后者则对税收征管能力要求较高，过于侧重税收利益，将面临不易被认可和推广的风险，显然不会激励任何人自愿参与个人养老金账户。

（2）ETE 模式和 TET 模式。ETE 模式从优惠程度上讲，仅次于 EEE 模式，但从课税阶段上讲，其仅在中间投资收益阶段课税，一方面不利于资本市场的合理建设，另一方面会因难以掌握个人投资收益的完整信息而面临税收征管的难题；相反，TET 模式仅次于 TTT 模式，存在重复征税的问题，容易加重税收负担。

（3）TTE 模式和 ETT 模式。TTE 和 ETT 模式存在重复征税的问题，它们在对个人征收所得税的同时，也对养老金的投资收益部分课税，类似于股份公司的利润需要缴纳公司所得税，当股份公司将税后利润作为股息分配给股东时，股东个人还须就这部分股息作为个人投资收入缴纳个人所得税，属于经济型重复征税的一种。这两种模式虽然有利于保障财政收入，但是不利于促进个人参与，为促进养老问题的解决，更多地还是要体现激励性以促进个人参与。此外，这两种模式都对第二阶段课税，但一般来讲，对第一阶段或者第三阶段征税仅由政府决策控制，更具有操作性。

（4）EET 模式和 TEE 模式。对于 EET 和 TEE 两种模式，从共同点上来看，两者都是单一环节课税，税收负担较轻，且最终的税收净现值相同。但其区别在于两者的征收环节和征收时间不同，TEE 模式的优点是在缴费阶段征税，可以立刻获得财政收入，一开始便限制了日后有可能发生的避税行为和逃税行为，也能防止诸如退休后迁往他国等税收利益损失的情况；EET 模式为纳税人带来延迟纳税的货币时间价值，还伴有生计费用扣除标准提高等优惠政策，在对参与人的激励效果和心理预期上更胜一筹。

因此，EET 模式和 TEE 模式，尤其是 EET 模式，相较于其他模式更能发挥税收政策引导个人养老金账户发展的优势，并在全球范围内得到了普遍的运用。

5.3 我国个人养老金账户税收模式的选择建议

由于 EET 模式和 TEE 模式的公平性与效率性，世界各国较多采用这两种税收激励政策模式。目前我国的中产阶层规模还不够庞大，若对个人养老金账户采取税收优惠政策，实际对高收入阶层更为有利，对调节个人收入分配会产生阻碍，一定程度上会加剧贫富差距，出现“马太效应”。另外，鉴于目前税收征管水平有限，分类与综合结合的个人所得税制度仍不成熟，实施特殊的税前扣除存在一定难度。我国的国情和个人所得税制度特点，限制了我国个人养老金账户个人所得税的政策设计空间。根据以上情况，我国个人养老金账户税收政策制定有两种选择方案，即 EET 模式和 TEE 模式。

5.3.1 EET 模式

所谓 EET 模式，即个人将额度范围内的收入注入账户内时免税，资金运营过程中也不征税，其达到法定退休年龄后，从账户领取资金时按规定税率对账户内资金及收益征收个人所得税的模式。具体的执行流程如下：

向个人养老金账户内注入的资金需要有额度限制以免账户积累额过高，缴费阶段允许根据个人所得税政策进行税前扣除。参与人可以从基金产品池中自主选择偏好的产品投资，对投资收益期间获得的收益也暂不纳税。参与人、受益人与领取人原则上为同一自然人，只有在达到退休年龄后才可以从该账户内领取养老金，再按照领取时的本金和收益缴纳税款。

EET 模式优于其他不享受税收优惠政策的投资方式，它可以产生激励机制，提高个人参与的积极性，且不会对政府部门造成过大的财政压力。因此，政府出台养老金账户税收递延的优惠政策是激励养老金发展的必要手段。

5.3.2　TEE 模式

TEE 模式是指，在资金注入阶段不允许税前扣除，在资金运作和领取退休金的两个阶段免税。这一政策思路相对而言，既易操作、方便管理，又与目前的个人所得税政策和企业所得税政策一致，不必“另起炉灶”。具体操作如下：

个人将资金注入个人养老金账户时，其注入的金额不允许税前扣除，相当于税后收入注入个人养老金账户。主要考虑个人养老金账户是个人自愿加入的补充养老，并不是强制要求或者普遍实施的，且由于我国的个人所得税是采取预扣预缴的方式征收的，如果允许税前扣除或者规定一个统一的扣除额，在预扣预缴时就给予税前扣除，既不合理，实际操作时也无法监控，管理难度较大。

个人养老金账户的资金由符合条件的基金公司运作时，产生的投资所得和资本利得免税。这项规定与 EET 模式相同，也与目前对基金管理公司免税的规定相同，保证了行业政策的一致性，易于税收征管操作。

当个人符合法定退休年龄后，从个人养老金账户中领取养老金时，予以限额免征个人所得税。这一政策也与《个人所得税法》第四条的规定一致，即按照国家统一规定发给干部和职工的安家费、退职费、退休工资、离休工资以及离休生活补助费免税。在实行综合与分类相结合的个人所得税制度后，随着中产阶层人数的增加，可在保持先征税后免税的方式下，在个人将资金注入个人养老金账户时，适当增加限额税前扣除，增加税收优惠政策的引导力度。

5.3.3 两种模式的比较分析

EET 模式与 TEE 模式相似度很高，且对于受益人来说两种模式下最后领取的金额相等，两种模式均只在一个环节征税。两种模式不同的是，EET 模式在领取环节征收税款，TEE 模式在缴费环节征收税款，但两者均可避免重复征税，均能体现税收的公平性与效率性。

但两种模式也存在一定的区别和差异。上述两种模式的选择在功能设计上的主要区别如表 5.2 所示。

表 5.2　　EET 模式与 TEE 模式的区别

	EET 模式	TEE 模式
缴费类型	税前缴费型	税后缴费型
征税模式	缴费及收益延期纳税	收益及领取免税
缴费年龄限制	法定退休年龄前	无
领取年龄限制	法定退休年龄后	法定退休年龄后

现假定个人养老金账户每月缴费比例不变，分别就这两种税收优惠模式下个人取得的养老金收入进行对比分析：

假定个人参与个人养老金账户的支出费用占其月工资收入比例不变，某人年工资薪金所得总计用 P 表示，工资薪金年增长率用 a 表示，以 s 表示缴费阶段参与个人养老金账户的支出占年工资薪金所得的比例，因此 sP 即为个人工资薪金所得中用于第三支柱的个人养老金账户的支出，且退休前工作时适用的个人所得税税率用 t 表示（并假定不变），投资收益率用 r 表示，缴费年限用 n 表示，退休后取回养老金时适用的税率用 t_1 表示。

在 EET 模式下，sP 作为个人参与个人养老金账户的支出费用可以税前列支，投资收益阶段同样免税，退休后领取阶段再以相同的税率缴纳个人所得税。

参与者在每年年末向个人养老金账户进行缴费及账户资金累计额的具体情况如表 5.3 所示。

表 5.3 EET 模式下个人养老金账户缴费情况及资金累计额

缴费年限（年）	存入金额	账户资金累计额
1	sP	$sP(1+r)$
2	$sP(1+a)$	$sP(1+r)^2+sP(1+a)(1+r)$
3	$sP(1+a)^2$	$sP(1+r)^3+sP(1+a)(1+r)^2+sP(1+a)^2(1+r)$
…	…	…
n	$sP(1+a)^{n-1}$	$sP(1+r)\{[(1+a)^n-(1+r)^n]/(a-r)\}$

第一年年末，向个人养老金账户缴费为 sP，账户资金积累额为 $sP(1+r)$；

第二年年末，向个人养老金账户缴费为 $sP(1+a)$，账户资金积累额为 $sP(1+r)^2+sP(1+a)(1+r)$

第三年年末，向个人养老金账户缴费为 $sP(1+a)^2$，账户资金积累额为：$sP(1+r)^3+sP(1+a)(1+r)^2+sP(1+a)^2(1+r)$

以此类推，预计 n 年后个人养老金账户资金积累额为：$sP[(1+a)^{n-1}(1+r)+(1+a)^{n-2}(1+r)^2+\cdots+(1+a)(1+r)^{n-1}+(1+r)^n]=sP\{[(1+a)^n-(1+r)^n]/(a-r)\}(1+r)$；$sP[(1+a)^{n-1}(1+r)+(1+a)^{n-2}(1+r)^2+\cdots+(1+a)(1+r)^{n-1}+(1+r)^n]=sP(1+r)\{[(1+a)^n-(1+r)^n]/(a-r)\}$

在 EET 模式下，只有最后的领取阶段征税，因此个人最后所取得的养老金收入为：$sP\{[(1+a)^n-(1+r)^n]/(a-r)\}(1+r)(1-t_1)$

此外，按照缴费方式不同，个人应缴纳的税额又可以分为两种：

第一种是每次以某个比例向账户缴费，个人从养老金账户取出时需要缴纳的税款为：$sP\{[(1+a)^n-(1+r)^n]/(a-r)\}(1+r)t_1$

第二种是每次以固定金额向账户缴费，个人从养老金账户取出时需要缴纳的税款为：$sP\{[(1+r)^{n-1}]/r\}(1+r)t_1$

在 TEE 模式下，sP 作为个人参与个人养老金账户的支出费用不能在税前列支，投资收益阶段和领取阶段均免税。参与者每年年末向个人养老金账户进行缴费及账户资金累计额的具体情况如表 5.4 所示。

表 5.4　TEE 模式下个人养老金账户缴费情况及账户资金累计额

缴费年限（年）	存入金额	账户资金累计额
1	$sP(1-t)$	$sP(1-t)(1+r)$
2	$sP(1-t)(1+a)$	$sP(1-t)(1+r)^2+sP(1-t)(1+a)(1+r)$
3	$sP(1-t)(1+a)^2$	$sP(1-t)(1+r)^3+sP(1-t)(1+a)(1+r)^2+sP(1-t)(1+a)^2(1+r)$
…	…	…
n	$sP(1-t)(1+a)^{(n-1)}$	$sP(1+r)(1-t)\{[(1+a)^n-(1+r)^n]/(a-r)\}$

第一年年末，向个人养老金账户缴费为 $sP(1-t)$，账户资金积累额为：$sP(1-t)(1+r)$

第二年年末，向个人养老金账户缴费为 $sP(1-t)(1+a)$，账户资金积累额为：$sP(1-t)(1+r)^2+sP(1-t)(1+a)(1+r)$

第三年年末，向个人养老金账户缴费为：$sP(1-t)(1+a)^2$

账户资金积累额为：$sP(1-t)(1+r)^3+sP(1-t)(1+a)(1+r)^2+sP(1-t)(1+a)^2(1+r)$

以此类推，预计 n 年后个人养老金账户资金积累额为 $sP[(1+a)^{n-1}(1+r)+(1+a)^{n-2}(1+r)^2+\cdots+(1+a)(1+r)^{n-1}+(1+r)^n](1-t)=sP(1+r)(1-t)\{[(1+a)^n-(1+r)^n]/(a-r)\}$

在 TEE 模式下，投资和领取阶段免税，所以这同样是参与人最后所取得的养老金收入金额。

个人在缴纳环节应缴纳的税款为：$sP[1+(1+a)+(1+a)^2+\cdots+(1+a)^{n-1}+(1+a)^n]$

此外，按照缴费方式不同，政府的税收收入又可以分为两种：

第一种是按一定比例缴费，个人在缴费环节需要缴纳的税款为：$sP\{[(1+a)^{n-1}]/a\}t$

第二种是每次缴费金额固定，个人在缴费环节需要缴纳的税款为 $sPnt$。

为了更形象对比 EET 与 TEE 两种模式存在的差别，现假设某人每月存入个人养老金账户 100 元，年投资收益率为 10%，个人所得税税率为 20%，投资年限定为 3 年，贴现率与投资收益相同为 10%，则 EET 与 TEE 两种模式对个人最后取得的养老金净收入和应缴税额影响如表 5.5 所示（不考虑通货膨胀和退休者可能的扣除因素的影响）。

表 5.5　EET 与 TEE 两种主要模式对个人养老金收入和应缴税额的不同影响

单位：元

项目 \ 模式	EET	TEE
缴费额	100.0	100.0
缴费阶段纳税额	0.0	20.0
税后净资产	100.0	80.0
资金积累额	33.1	26.5
退休后资产	133.1	106.5
领取阶段纳税额	26.6	0.0
养老金净收入	106.5	106.5
个人应缴税额	26.6	20.0

从表 5.5 可以看出，在不考虑通货膨胀和退休者可能的扣除因素的情况下，EET 模式与 TEE 模式养老金净收入相等，均为 106.5 元。在应缴税额上，看上去 EET 模式要比 TEE 模式获得更多的税款，但因养老金的缴费时间一般长达二十年以上，如果考虑到通货膨胀和退休者其他可能的扣除因素，EET 模式实际缴纳的税额很大程度上会低于 TEE 模式，政府给予的延期纳税的税收优惠相当于赋予纳税人一笔无息贷款。

此外，EET 模式和 TEE 模式由于其作用机制的不同，对个人和国家的具体影响也存在差别，具体如表 5.6 所示。

表 5.6　EET 模式与 TEE 模式对个人和国家的影响

	EET 模式	TEE 模式
个人	• 减轻当期税收负担 • 促进个人关注市场	• 增加纳税人现阶段的税收负担 • 抑制个人的参与积极性
国家	• 短期内减少税收收入 • 降低远期财政支付压力	• 增加政府的现期收入 • 存在远期财政收入水平下降甚至恶化的风险

TEE 模式属于现期纳税，其对个人产生的影响主要表现为两个方面。一方面，由于我国个人所得税实行累进税率制度，TEE 模式可能会使个人的适用税率提升一个档次，从而增加纳税人的税负。另一方面，TEE 模式缴费阶段缴税会产生个人养老金账户内余额减少的直观表现，使账户所有人产生一定的消极预期，纳税人会更愿意把资金运用在其他免税或低税率的投资上，从而抑制了个人参与个人养老金账户的积极性。

TEE 模式将增加国家短期内的财政收入，不会给目前的财政收入带来过大的压力。但这同时也意味着政府自愿放弃了未来也就是个人退休后征税的机会，然而随着人口老龄化进程的加快和养老金体系的逐渐成熟，政府有可能面临因税基缩小而带来的财政收入减少甚至恶化的风险。

EET 模式属于未来期间纳税，对个人能够产生一定积极影响：首先，EET 模式能够作为个人应对累进税率制度的税收筹划工具，将在 TEE 模式之下承担高税率赋税向低税率赋税转移的责任，相对来说减轻了参加养老金账户纳税人的负担；其次，在 EET 模式下，政府对账户资金在投资阶段产生的收益免税，能有效激励参加养老金账户的个人在投资期间更加关注账户的运营情况，有利于个人养老金账户及相关养老产品在金融市场的良性发展。

从国家的角度考虑，采用 EET 模式会造成财政税收收入的暂时性减少。因为在这种税收模式下，国家对个人存入个人养老金账户的资金免除了个人所得税，会在当期给国家造成一部分的税收损失，但从长期来看 EET 模式只是延期缴纳了税款，改变了政府当期的现金流，通过短期的税收损失缓解远期的财政支付压力。

与 TEE 模式相比，EET 模式在以下三个方面具有优越性：

第一，从对参与人的激励效果来说，EET 模式属于递延纳税，而 TEE 模式属于预付方式纳税。TEE 模式对参与个人养老金账户个人的心理影响是巨大的，人们很容易因参与的第一阶段就征税而对其缺乏好感，大大削弱个人参与的积极性。相反，在 EET 模式下，个人接受和认可个人养老金账户的速度更快、积极性更高，且会对个人养老金账户持有较为乐观的心理预期。

第二，从对政府财政造成的压力和风险来说，虽然 TEE 模式不会给目前的财政收入带来负面影响，但也意味着远期的财政收入风险将随之增大。相比之下，EET 模式能够运用宏观政策合理安排财政收入，为远期的养老金支付提供财政保障，更有利于应对人口老龄化带来的养老金支出压力。

第三，从税收优惠政策推动个人养老金账户发展的作用来说，对个人养老金账户采用递延模式的 EET 或是非递延模式的 TEE 直接关系到个人养老金账户建设中诱导机制的形成。纳税人看到了前期的减免政策产生的激励效果更容易形成个人养老金账户的诱导机制，从而能够有效地促进个人养老金账户制度的进一步发展。非递延模式的 TEE 虽然在第二阶段和第三阶段也免税，但对个人的激励作用不大，很难提高个人的参与意愿。

以上即是 EET 模式显著优于 TEE 模式的方面，概括来讲就是 EET 模式具有“隐形补助金”或“隐形支出”功能。由此可见，EET 模式在理论上属于我国个人养老金账户制度可选用的“最优”模式。

第6章

方案验证及政策建议

6.1 个人养老金账户EET税收模式的具体操作

我国个人养老金账户建议实行“先免后征”的EET税收模式，结合账户的操作流程，在征收管理操作模式上可偏向于给付时计税的操作方法，即个人将额度范围内的收入注入个人养老金账户时免税，资金运营过程中也不征税，参与者达到法定退休年龄后，从账户中领取资金时按适用税率对账户内资金及收益征收个人所得税的模式。个人养老金账户的操作流程如图6.1所示。

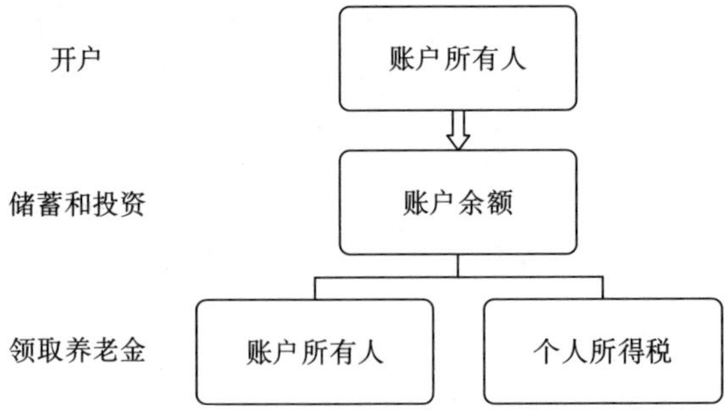

图6.1 个人养老金账户的操作流程

EET模式的优势在于账户所有人存入账户的资金属于税前收入，增加了账户投资的本金总额，且账户的管理成本，即领取阶段的个人所得税税收征管压力相对较小，资本积累期间的税率变化对账户运作产生的影响也不太明显，对账户受托人和监管机构产生的运行压力也较小。不足之处是由于 EET 模式下账户所有人缴纳的个人所得税应纳税额是按照养老金给付期的适用税率征缴，账户持有人需承担起征点、适用税率等影响因素变化带来的风险。

个人养老金账户的支取形式可以分为三种：全额支取、按期发放及混合模式。其中，混合模式是指个人先提取账户资金的一部分，未来按期发放剩余资金的模式。对于第一种方式，全额支取有利于降低基金托管的成本，因为个人在全额领取账户资金后，托管机构不再负有基金给付的责任，但此方法只适用于个人账户累计时间较短、资金规模相对较小的情形。从账户所有者的角度看，第一种将账户内的累计金额全额提取的给付方法一般会增加所有人提前消费的可能性，难以实现补充养老保障替代的效果；对于第二种方式，个人可按期领取固定金额的养老金，养老保障持续期较长，但按期领取方式的灵活性较差，账户所有人难以有效应对疾病或事故等突发事件。因此，给付方式可优先选择第三种方法，这样账户所有人不仅可以在短期内取得资金，又能够在长期持续获得资金收益。

个人养老金账户缴纳个人所得税的税收模式可采用 EET 模式，即选择在存款及收益阶段免税，领取时再根据支取金额依照当期税率缴税。具体缴费限额的设计还需要相关部门进行测算，账户所有人每月可在缴费额度范围内将资金缴入个人养老金账户。产品操作模式上，个人根据自身风险偏好选择养老专用金融产品，相关个人所得税由开户银行负责代扣代缴。

综上所述，EET 模式的具体操作方案大致如下：个人凭身份证到具有个人养老金账户开设资格的银行开户，每月在缴费限额内将资金存入该账户中，根据自身投资偏好在养老专用金融产品目录中选择金融产品进行投资。银行负责校验账户的唯一性，以及账户资金流的记录和管理，并负责报送税务局，传递同业信息。投资期间个人选择的养老专用金融产品的收益累计于个人账户中，此期间不征税，直至其退休。此外，允许个人按需求从账户中提取本金和收益，在领取时以账户所有人领取的款项作为计税基础征收个人所得税。

6.2 方案验证

6.2.1 方案可行性

6.2.1.1 缓解政府养老压力，减税收益大于成本

对于“先免后征”型的 EET 模式，主要支出在于实施税收递延所需承担的损失。一是延迟纳税导致的税收收入的减少，如果出现通货膨胀和个人所得税起征点上调的情况，账户所有人延迟缴纳的税金能够获得“隐性收益”。从国家和政府的角度看，税收优惠会导致国家财政收入的减少，账户所有人延迟缴纳的税款和获得的税收优惠最终是由国家财政负担的。二是由于持续时间较长带来的账户监管和税收征管成本。我国养老保障第三支柱还处于制度探索阶段，前期的信息平台建设及税收征管的成本投入相对较大，且账户所有人领取养老金的时间跨度不等，相应的税收征管成本比较高。

对国家和政府而言，个人养老金账户 EET 模式的确会造成短期内政府财政收入的减少，增加税务部门对前期的系统建设投入以及税收征管成本，但从长期来看，EET 模式能够提高整个社会的养老金替代率，提升人们的生活保障水平，推动我国税务部门信息平台的建设，带动税务机关征管能力的提升，减轻政府的社会养老压力，减少社会保障支出，从而构建多层次混合型养老保障体制，完善和发展税收制度。因此，从成本收益的角度来看，个人养老金账户“先免后征”的 EET 模式的长期收益大于其成本和投入，此方案是具备可行性的。

6.2.1.2 协同其他支柱养老金，系统协调税收政策

在统一的三支柱养老保险体系下，第一支柱养老金覆盖全民，将支付水平提高到地区最低生活保障标准，起到消除贫困的作用；第二支柱

养老金面向从业者，具有强制性，通过养老基金现收现付制与储备基金投资运行的方式保证养老金的可持续性，在支付上达到地区平均收入标准，起到收入再分配的作用；第三支柱养老金为自愿储蓄，通过税收减免鼓励企业和个人参与，提高参保人福利水平，另外个人账户养老基金投资经营，能起到活跃资金市场和促进地区经济发展的作用，与目前的多类别养老保险相比，具有更高的公平性和资金可持续性，能更好地实现“全覆盖、保基本、多层次、可持续”的发展目标。

我国养老保障第一支柱即基本养老保障的制度模式属于 EEE 模式，在养老金账户持有的三个阶段即缴费、收益、领取阶段，均给予免税优惠。2013 年 12 月，相关部门针对第二支柱的企业年金和职业年金制定了新的税收政策，选用 EET 的税款征收模式。在企业年金或职业年金缴费环节，企业或事业单位为本单位员工缴纳工资计税基数（上一年度个人月平均工资）5% 以内的部分允许企业所得税税前扣除。在计入个人账户时，员工个人缴费的 4% 以内的部分免征个人所得税；在投资运营环节，个人账户所有的投资运营收益同样暂免征收个人所得税；在领取阶段，员工按月或按年度领取的年金，应按规定缴纳个人所得税。

因此，发挥补充养老作用的第三支柱的个人养老金账户若采用 EET 税收模式，将可与第二支柱打通，协同发展，在税收政策的制定和税收征管等方面能够彼此借鉴，实现系统化设计，以推动我国养老保障体系建设和发展。从制度体系角度考虑，个人养老金账户采用 EET 税收模式，能够与养老保障体系其他支柱打通，在制度设计和具体实施中具备可行性。

6.2.1.3 民众接受程度高

在个人养老金账户的 EET 税收模式下，账户所有人只需在资金领取时缴纳税款，属于递延纳税。这种税收模式更容易形成个人养老金账户的诱导机制，大众接受和认可个人养老金账户的速度更快、积极性更高，且民众会对个人养老金账户持有乐观的心理预期。从人文角度考虑，个人养老金账户实施 EET 税收模式是具备可行性的。

6.2.2 方案可操作性

我国个人养老金账户一旦采用EET税收模式，个人将通过银行在产品名录内选择产品进行养老产品投资，并在养老金领取阶段按规定缴纳个人所得税。在账户开设及运作过程中，主要依靠金融机构和主管税务机关等部门的监督和管理。从实际操作角度来看，个人养老金账户的制度设计具备了实施EET税收模式的条件。

6.2.2.1 技术上具备操作条件

近年来“互联网+”技术飞速发展，使金融机构内部、金融机构之间、金融机构与税务机关之间实现实时信息交换成为可能，为个人养老金账户的现金流监管、税收征管提供了技术支持。尤其是近年来银行无纸化操作系统的运用、大数据技术的广泛运用以及税务部门“金税三期”工程的升级和上线，各部门具备实现个人养老金账户的实施监管和信息共享的技术条件。

6.2.2.2 各阶段具备操作能力

个人养老金账户EET税收模式对资金储蓄和投资运作不征税，在账户所有人从账户领取养老金时对领取的资金征税。就各阶段而言，实施EET税收模式具备可操作性。资金储蓄阶段，财税部门能够根据我国经济客观情况测算并设定扣除限额，明确可进入个人退休养老账户的收入来源。投资运作阶段，个人通过账户在专用产品目录中自行选择产品进行投资，相关部门能够借鉴个人自行开展的投资理财活动的税收征管经验，对投资运作阶段进行监督和管理；领取阶段，主要依靠开户行履行代扣代缴义务，对账户所有人所领取的资金计征且代扣代缴个人所得税，并上报汇缴税务部门，税务部门对缴税过程进行全程监管。随着信息账户平台的建设和完善，领取阶段的监督管理同样具备可操作性。

综上所述，我国个人养老金账户可以考虑实行递延纳税的EET模式，与第一支柱和第二支柱的税收政策相适应，能够激励和诱导民众积极参与个人补充养老，具备政治、经济、人文上的可行性。同时，随着技术的进步和个人养老金账户制度的完善，相关部门拥有可靠的实际操作能力，EET税收模式具备组织管理上的可操作性。

6.2.3　方案的不足和实施中的难点

税收优惠额度的测算是一个严密且复杂的过程，受篇幅及研究能力所限，本书所提方案中未涉及针对EET税收模式的具体优惠限额。在本方案的实施过程中，存在以下难点：

6.2.3.1　账户信息共享平台建设尚不健全

个人养老金账户的运作涉及账户开办机构、资金管理机构和税务机关等多个部门和组织，因此部门之间的配合与信息共享是保证个人养老金账户税款足额、按时缴纳的重要前提。然而，我国税务机关不同征管区域之间、同一级税务机关内部各部门之间的税务信息及相关资料的传递仍存在时效性差、准确度不足等问题。

同时，税务部门和其他相关部门之间也缺乏信息共享和实质性的配合，一是在跨征管区域的纳税信息资料传递中存在诸多限制，同级税务机关内部各部门之间的信息传递也存在效率不足的问题；二是在信息共享上，税务部门未能与其他部门建立实质性的配合机制，如税银联网等，外部信息来源不足使税务部门难以准确判断税源。此外，征管部门间的信息共享平台未真正建立，这使税务部门不能高效地收集外部信息，无法准确判断税源信息，进而导致征管上的低效。

6.2.3.2　个税制度仍有待完善

世界上实施EET税收模式的国家大多采取综合申报纳税的方式计征个人所得税，以保证纳税信息的完整性和可复核性。以美国为例，其实行以个人唯一识别的社会保障号或个人税号（ITIN）为纳税证明的综合申报税制，在纳税年度的缴费截止日期前，纳税人必须要完成当年IRA的缴费和报税工作。纳税人识别号制度下，不仅保障了税收征管工作的执行，同时也有利于完整、清晰地留存个人终身纳税信息。传统

IRA 的参与人在每年提交的个人所得税申报表 Form 1040[①] 提供全年 IRA 的领取金额（IRA distributions）和退休储蓄缴费抵扣额（Retirement savings contributions credit），从 IRA 内领取的金额作为个人收入申报纳税，退休储蓄缴费抵扣额为第二支柱、第三支柱养老金缴费抵扣额的总和，并提供附表（Form 8880[②]）记录明细。IRA 领取项及抵税项的填写保证了财税部门能够准确、合理地计算和检查个人的应缴税款。第三支柱参与人每年针对 IRA 的领取项及抵税项进行详细填写，保证了税务部门能够准确、合理地计算和检查个人的应缴税款。

《关于个人取得有关收入适用个人所得税应税所得项目的公告》（财政部　税务总局公告 2019 年第 74 号）第四条规定，领取的税收递延型商业养老保险的养老金收入，其中 25% 部分予以免税，其余 75% 部分按照 10% 的比例税率计算缴纳个人所得税，税款计入“工资、薪金所得”项目，由保险机构代扣代缴后，在个人购买税收递延型养老保险的机构所在地办理全员全额扣缴申报。随着第三支柱个人养老金的不断完善，相应的税收法律也在与时俱进地进行修订，主动适应并推动第三支柱个人养老金发展，但个人所得税对有关征管问题的具体规定仍有待完善。

6.2.3.3 养老保障体系主管机关的职权划分不明确

为了个人养老金账户政策的贯彻执行和有效实施，必须明确统一的征收主体及相应的征收依据和流程。作为一个统一的体系，第三支柱的制度设计受第一支柱、第二支柱的影响。但目前我国第一支柱、第二支柱的主管职权划分还存在一定的问题。

首先，基本养老保险的征收主体划分比较混乱。我国主要的基本养老保险费征管模式，曾经是以社保经办部门主要负责征管和监督检查，或由社保经办部门将征管计划传达委托给地税部门代征，或者完全由地税部门负责，进行基本养老保险的缴费登记、申报、审核（核定）、征收、追欠、查处和划解社会保险基金财政专户等相关工作。部门间职权

---

① Form1040 是指 1040 表格，为美国个人收入联邦税申报表，是美国报税人进行纳税申报使用的基本表格。

② Form8880 是指 8880 表格，为记录退休储蓄账户缴费抵免额明细的附表。

划分比较混乱，未能完全实现以税务部门为主体的第一支柱保险费的征管。社保与税收分开征收的模式，也造成了社保缴费出现违规欠缴、逃缴等情况。

2018 年 4 月，中共中央印发的《深化党和国家机构改革方案》中提到，为提高社会保险资金征管效率，将基本养老保险费、基本医疗保险费、失业保险费等各项社会保险费交由税务部门统一征收。国家税务总局等五部门联合召开的社会保险费和非税收入征管职责划转工作动员部署视频会议明确，自 2019 年 1 月 1 日起，由税务部门统一征收各项社会保险费和先行划转的非税收入。2018 年 6 月 15 日，国地税征管体制改革迈出阶段性关键一步，全国各省级以及计划单列市国税局、地税局合并且统一挂牌，国地税正式完成合并。国地税合并、社保费用纳入税务部门征收范围等措施均有利于养老保障体系中主管机关的职权划分。

税务部门统一征收社保费将使社保费征收更加规范。税务部门利用自己掌握的工资信息、企业发票、税收稽查、税收保全等优势，能够提高社会保险资金征管效率，这有助于解决此前在部分企业存在的社保费缴纳漏洞，一些企业不为员工缴社保费或不为员工全额缴社保费的情况有望得到改变；从长远来看，社保费征收的统一，有助于为今后养老金在全国范围内的统筹协调奠定制度基础。税务机关负责征收社保费，意味着今后企业少缴或不缴社保费的行为将无处隐藏。企业少缴或漏缴社保费行为显然不可取，这无疑会损害劳动者的合法权益，对缴纳社保费的企业来说也不公平。但客观上来说，我国社保总体费率整体偏高也是实际存在的问题，在统一征收后，如何具体执行的确需要考虑企业的实际负担。综上，为实现统一政策的贯彻执行和统一管理的有效实施，有必要统筹建立统一的征收主体、征税依据和征收流程。

其次，企业年金的主管行政部门主要由人力资源和社会保障部、中国证监会、中国银保监会组成，税务机关在其中发挥的作用较小。第一支柱、第二支柱实际运作中，税务机关并不是其主管行政部门，税收手段的宏观调控功能未能发挥。而第三支柱的个人养老金账户作为补充养老的重要组成，实施过程中涉及私人财产的市场化运行，因此必须运用税收手段进行宏观调控。个人养老金账户落地实施时必须强调税务机关的职权划分问题。第三支柱制度较为成熟的国家，其主管机关的职权划分也十分明确。以美国为例，第三支柱（IRA）的监管机构主要涉及财政部、美国国税局、证券交易委员会（SEC）及金融监管局（FINRA，自律组织）等，其中财税部门起主导作用，财政部制定顶层制度，美国国税局负责具体的政策实行及税收征管。

目前，我国第三支柱仍存在较大的制度空白，为充分实现第三支柱完善养老保障体系、应对人口老龄化压力、改善老年生活等功能，在制定个人养老金账户制度时，应先明确主管机关的职权划分问题，防止出现越权越位等问题，从而导致制度实施的无效率性。养老保障体系由第一支柱、第二支柱和第三支柱共同组成，在进行第三支柱的制度设计时需要考虑对另外两支柱的影响。

6.2.3.4 民众依法纳税意识淡薄，偷逃漏税惩罚力度不够

伴随着个人养老金账户税收优惠政策的出台，可能出现纳税人尤其是高收入纳税人滥用税收优惠偷税漏税的现象，造成国家税收收入的损失，影响养老金账户的公平性。对于纳税人的偷逃税行为，我国目前的相关法律法规惩戒不够严格，罚款金额较低。从某种角度来说，过轻的处罚是对偷逃税行为的放纵，使一些纳税人滋生无“后顾之忧”甚至“有利可图”的想法。

在这方面，美国税法对偷逃税的惩罚机制就十分严格。如 IRA 领取金额的报税与个人的完整报税体系、社会信用体系挂钩，如发现漏报误报，相关个人将被追讨甚至起诉，如有重大嫌疑漏报，追查期限没有限制。这种严格的制度安排可以显著提高偷逃漏税的违法成本，有效降低偷逃漏税的可能性。相比之下，我国相关法律法规对纳税人的偷逃税行为打击力度仍显不足，在一定程度上助长了纳税人的偷逃漏税行为，增加了税收损失的风险。而一旦个人养老金账户出现偷逃漏税的现象，将给其他参保人带来负面影响，阻碍税收政策实施和有关制度的建立。

6.2.3.5 我国税务机关税收征管能力仍有待提高

个人养老金账户监管持续时间跨度大，呈现参保人分布区域广、缴款方式和额度差异大的特点，对税务机关的税收征管能力提出了较高的

要求。我国税务部门普遍存在税收征管能力与税收政策要求不匹配的问题：人为调节税收收入、违规减免税等现象比较普遍；部分税务机关存在对申报纳税审核把关不严、清缴税款力度不足，地方税收征收力度较弱、税务稽查不到位，以及部分税收优惠政策执行把关不严等。这使个人养老金账户制度的成功建立和顺利实施面临执行力不足的风险。

税收改革应该先强调立法，但也需要足够重视执法和司法。个人养老金账户制度的顺利建立离不开税收征管的支持和指引，如果不考虑税收征管能力这个基本条件，出台的其他一系列政策将很难执行落地。

6.3 政策建议

6.3.1 加快建设个人养老金账户制度

从国际实践经验看，完整的养老金体系最少应涵盖三个支柱——基本养老金、企业年金（职业年金）以及个人补充养老金制度。在人口老龄化程度持续加剧、财政支出压力不断加大的客观实际下，我国存在第一支柱养老金替代率较低、第二支柱的覆盖范围有限的问题，第一支柱和第二支柱已难以支撑我国养老保障的重任。因此，我国可借鉴其他国家第三支柱的发展经验，加快建设和推行第三支柱的个人养老金账户制度，独立运作私人养老资本，发挥个人在养老保障中的重要作用。完善养老保障第三支柱，提高个人对参与养老的积极性，以弥补第一支柱、第二支柱的不足，从而构建完善的养老保障体系，提升养老保障水平，更好地实现全体国民的养老保障制度的目标。

加快建设个人养老金账户制度。从养老保障第三支柱的自身属性来看，应主导构建个人养老金账户制度，使参与养老的个人能够根据自身需求自主选择不同投资工具实现资产积累。作为国际主流的做法——建立个人养老金账户制度，个人养老金账户可借鉴国外的成熟经验。以美国为例，美国的 IRA 计划通过政府提供税收政策进行激励和引导，由个人自愿建立并参与其中。美国 IRA 和公募基金的合作具备三个成功要素：一是美国《雇员退休收入保障法案》的规定；二是投资者行为，包括投资者对 IRA 的风险容忍度、投资频率等；三是基金的创新，公募基金管理公司的产品设计需要创新。养老金和基金业的合作关系很重要，对于我国来说，需要解决的关键问题是法律和投资行为的关系。如果在国内用法律鼓励投资行为，鼓励投资者成为长期稳定的投资者，那么将为市场带来诸多益处。此外，其还需要符合三支柱养老保险制度完整性的要求。

我国第一支柱是基本养老保险，第二支柱是企业年金（职业年金），第三支柱采用个人养老金账户制度，三者一脉相承。个人养老金账户制度可以依靠灵活的投资管理措施吸引个人投资者，主动选择不同类型的资产进行配置，进而分散风险，实现长期保值增值的目标，推动各类养老金融产品公平竞争，理清政府、企业和个人在养老制度中的责任。实践过程中，账户内资金保持积累并独立运作，在一定程度上提升第三支柱的吸引力，提高个人养老的缴费激励和保障水平。

具体来说：首先，个人养老金账户应严格实行实名制，并保证其唯一性，个人进行养老金储蓄、投资、领取和纳税都应以此唯一账户为基础。在账户内形成资金和信息的闭环，以保证其税收征管和相关监督的顺利实施，并在此基础上实施账户积累制，以准确记录账户持有人的储蓄及投资记录，保障税源不流失。其次，账户可随持有人转移、携带或退出，不受账户所有人职业和地域限制，极具灵活性和便利性。再次，个人在投资产品选择上具有较大自由度，证券投资基金、保险产品等符合一定特征要求的产品均可以作为选项。如美国 IRA，由受托方负责提供投资备选方案，可选择的投资产品有银行存款、公募基金、股票、债券、年金等。最后，税收优惠政策落实到个人，基于账户给予税收优惠，而不是某类具体的产品。因为各类金融产品只是养老金投资的工具，所以金融产品本身不享受特殊的税收优惠。

根据财税〔2018〕22 号文件规定，个人税收递延型商业养老保险试点采用的个人商业养老资金账户是由纳税人指定的、用于归集税收递延型商业养老保险缴费、收益以及资金领取等的商业银行个人专用账户。该账户封闭运行，与居民身份证件绑定，具有唯一性。试点期间个人商业养老资金账户使用中国保险信息技术管理有限责任公司建立的信息平台进行登记，校验其唯一性。未来，个人商业养老资金账户和信息平台将不断完善，第三支柱的个人养老金账户制度也将逐步建立并完善。

6.3.2 加快账户运作设计，明确相关税收政策

为发挥个人养老金账户 EET 税收模式的促进作用，推动个人养老金账户制度的建立和发展，第三支柱的税收操作必须加快制度设计的步伐，尽快建立健全个人养老金账户的相关制度体系。

6.3.2.1 完善个人养老金账户运作模式设计

个人养老金账户的相关税收政策必须以较为完善的个人养老金账户体制为出发点进行政策设计。尤其是“先免后征”的 EET 模式，该模式贯穿了账户运作的全过程，并依靠账户信息平台实现税收征管。例如，个人养老金账户运作过程中，设立个人养老金账户的个人与账户资金受益人原则上应为同一自然人，在享受养老金账户政策支持的同时负有纳税义务，应自觉申报、主动缴税。开户银行或统一的账户管理平台可以成为养老金账户个人所得税的代扣代缴义务人，根据账户信息监督资金流动，在账户所有人提前支取账户内资金或退休后支取养老金时，按照法定税率计算并代扣代缴税款，并协助配合税务主管机关进行账户税收检查。为实现 EET 模式的税收引导功能，应当充分发挥养老保障第三支柱的补充养老作用，加快设计和建成个人养老金账户的运作机制。

6.3.2.2 明确 EET 模式的具体政策

EET 模式方案的税收优惠主要包括两点：一是先免后征的纳税递延；二是给予账户限额抵免。因此，EET 模式的方案中除了采用税收递延模式进行税款征收，还应大力实施限额抵免等税收优惠政策，以吸引更多的民众参与进来，推动个人养老金账户制度的建立和完善。例如，在缴费阶段，可以采取“宽进”，给予年龄较大的账户持有人一定的倾

斜政策。对于参与账户时年龄超过 50 岁的人群，由于其年龄较为接近退休年龄，参与个人养老金账户的时间相对滞后，容易出现退休领取阶段积累不够、补充性养老金替代率过低等问题，不能达到应有的享受优惠水平，因此可针对这部分人群提高税前可列支金额，使政策真正惠及每个群体。在领取阶段，应坚持“严出”，这里的“严”是指第三支柱投资需要符合一定条件，规定缴费额度的上限，对于提前支取的行为明确相应的惩罚性的税款，以此来建立一种长期持有的长效机制。美国为了鼓励为退休进行的长期储蓄投资行为，规定 IRA 的投资者在领取时的缴费基数是账户里的全部资金，如果账户投资者要在 59.5 岁前领取，则要附加 10% 的惩罚税（Penalty Tax）。

此外，我们在分析税收优惠时，不仅要考虑优惠额度的设定，还需确定保障对象、税收模式以及与投保账户等相关的问题。在确定税收优惠的额度过程中不仅需要经过复杂的测算，而且要分析优惠额度对财政和替代水平的影响。根据财税〔2018〕22 号文件的规定，关于个人税收递延型商业养老保险试点，对试点地区个人通过个人商业养老资金账户购买符合规定的商业养老保险产品的支出，允许在一定标准内税前扣除；计入个人商业养老资金账户的投资收益，暂不征收个人所得税；个人领取商业养老金时征收个人所得税。个人税收递延型商业养老保险的试点政策意味着 EET 模式的税收优惠在我国已基本实现。

6.3.3 配套实施税收优惠，推动个人账户建立

税收优惠政策对于个人养老金账户的发展具有明显的推动作用，是区别于其他投资方式的重要标志。从国外第三支柱的发展经验来看，大多数国家在促进个人养老金账户的投资上都选择了 EET 模式，出台了众多税收优惠政策，如在缴费阶段和投资收益阶段对企业和参与账户的个人免税，在领取阶段再按照领取时的税率征收所得税。相对于没有或少有税收优惠的其他投资方式，该种前期免税的模式更容易让纳税人产生认同感，从而在品类繁多的投资方式中胜出。如，1916 年，美国的联邦税法就有“以递延税收优惠来鼓励私人雇主为雇员建立养老保障”的规划；2001 年，德国开始全面推行里斯特养老金改革，对于个人养

老储蓄账户，可以享受每年最高 2 100 欧元的免税额度。

从目前全国社保基金对国务院给予的税收优惠政策的利用情况来看，将投资收益等全部收入滚存到投资本金，获得可观的投资回报，其中税收优惠起到了巨大作用。例如，由于全国社保基金免征税收，税收的贡献能够全部转化为投资回报。

由此可见，我国第三支柱的个人养老金账户的发展离不开税收政策的支持。税收优惠政策可以降低个人养老金账户参与人的成本，间接提高养老账户的收益水平，进而影响其消费投资决策，是建设养老金第三支柱的重要引擎之一。一方面，第三支柱相当于准公共福利，中下等收入者制订个人养老金计划相当于强制储蓄，只有给予一定的税收支持，才能起到激励作用；另一方面，要想让广大居民，尤其是低收入者建立第三支柱，核心是加大税收优惠力度。由于大多数民众缺乏理财概念，应该加大引导力度，让人们在税收优惠中看到实实在在的利益，增加养老储蓄的吸引力。

我国第三支柱是养老保障制度的重要内容，是补充养老保险的主要支撑。考虑到养老储蓄的持续时间普遍较长，除采用税收递延 EET 模式进行税款征收外，还应大力实施限额抵免等税收优惠政策，以吸引更多的民众参与进来，推动个人养老金账户制度的建立和完善。应在账户层面实施针对投资收益的税收优惠，运用“金额制”加大税收优惠力度，力求打通第二支柱和第三支柱的税收优惠政策。

首先，税收优惠应该在账户层面实施。国外经验表明，个人养老金计划本质上是一种以账户为核心的资产配置工具，即养老金持有人的个人缴费计入一个专用账户，此账户中的资金可以投向共同基金、银行存款、商业保险，甚至股票、债券等多种金融产品，以满足不同类型参加者的不同需求。如果将税收优惠与某些特定产品挂钩，将对参加者的投资选择造成限制，不利于充分发挥第三支柱的作用。因此，我国个人养老金计划的税收优惠应在账户层面展开，而非某一特定产品。

其次，税收优惠实行金额制，即设置统一的税收优惠额度，不考虑个人收入的高低。实行统一优惠额度的原因在于个人养老金账户作为养老保障体系的重要组成部分，必须坚持税收公平的原则。如果税收优惠按照个人收入的高低进行设定，则高收入群体享受的税收优惠幅度较大，不利于发挥社会保障体系的收入再分配效应。各国在个人养老金计划的税收优惠政策中，普遍采取了金额限制。美国 IRA 目前的税收优惠额度为，50 岁以下每年 5 500 美元，50 岁以上每年 6 500 美元；韩国第三支柱私人养老金免税额度为每年 1 200 万韩元。税收优惠实施金额制的好处在于一定程度上避免了对高收入者的税收倾斜，我国个人养老金账户可以考虑采取金额封顶的方式。

再次，应努力加大税收优惠力度。美国现有的三支柱养老体系中，第二支柱降低了公共养老金财务压力。美国第二支柱、第三支柱的快速发展同相关的税收优惠力度密不可分，目前美国 401（k）计划税收优惠限额为每年 17 500 美元，IRA 计划税收优惠限额为 5 500—6 500 美元，两者合计达到 25 000 美元左右，接近美国人均年工资的一半。相较之下，我国目前企业年金个人税收优惠比例仅为 4%，税收优惠力度较小，这也在某种程度上限制了其发展壮大。因此，我国应加大个人养老金账户制度的税收优惠力度，推动其进一步发展，减轻公共养老金压力。

最后，需要打通第二支柱和第三支柱的税收优惠政策。我国对企业年金计划制定了税收优惠政策，但由于企业年金是由企业自愿建立的，如果员工所在单位没有企业年金，则无法参与该计划，不利于为自身养老进行储备。出于完善补充养老金体系、减轻公共养老金压力的目的，我国应努力打通企业第二支柱和第三支柱的税收优惠政策。如果员工尚未参与企业年金计划，则可以在个人养老金计划中，让其享受相应的税收优惠政策，提高政策的吸引力，减轻公共养老金体系压力。

2019 年 1 月 1 日，我国开始实行分类与综合相结合的个人所得税制，进一步应扩大试点范围，在对个人养老金账户采用税收递延 EET 模式的同时，完善相关的税收优惠政策。

6.3.4　公募基金参与第三支柱个人养老金，完善养老金体系

基金投资一般具有高效灵活的特点，具备专业的团队，在风险控制和信息披露等方面也具有明显优势，成为最佳的资产配置工具。首先，基金具有风险分散化的优点。只有通过多元化的投资，才能分散投资风

险，从而实现财富的积累。对于成熟的投资人来说，应当根据自己的偏好对多种基金进行投资，或者对行业或领域进行投资。其次，基金能够利用规模优势，降低交易成本。通过遵循严格的披露规则，基金的成本效率可以产生长期投资的累积效应，给投资者带来丰厚的回报。同时，基金具备较高的安全性，当出现金融危机或者其他意外情况时，基金往往是一个安全的选择。

从 OECD 成员的第三支柱个人养老金发展历程来看，公募基金在其中扮演了越来越重要的角色。总体来看，主要有三方面原因：一是公募基金的产品线丰富，投资范围较广，能在股票、债券，国际、国内多个领域进行资产配置，满足参保人不同风险偏好；二是公募基金能够充分发挥第三支柱个人养老金的“长线”优势，实现长期稳健收益，提升参保人自我养老保障能力；三是公募基金运作规范，管理灵活，直销网点及代销渠道众多，社会公众覆盖面广，可以为参保人提供诸多便利。建立以税收优惠、个人账户、多元投资为主要特征，兼具国际经验和中国特色的第三支柱个人养老金，已逐步成为各界共识。

公募基金参与第三支柱个人养老金是着力完善我国多层次养老金体系的重要内容，也是行业发展的必然选择。在个人养老金账户制度建设初期，需建立个人养老金投资管理机构和投资产品的合格准入体系，对专业投资和专业资产配置起到规范和引导的作用，保证多数参与者的利益。一方面，通过发挥公募基金在产品设计方面的能力，针对性开发适合第三支柱的投资产品；另一方面，要发挥公募基金工具化的作用，使公募基金产品成为养老金投资的标准化工具。

加强协同，积极投身于第三支柱建设，在中国证监会和中国证券投资基金业协会的领导下，整合行业力量，加大政策跟踪和对外宣传力度，积极为相关政策制定建言献策，提高全社会对基金行业的认知度。同时，积极布局，建立符合第三支柱要求的养老型基金产品线，引导投资者充分认识到时间跨度的变化会导致对各类资产的风险收益评估的变化，使其正确看待主动投资与被动投资的关系，促进投资者接受个人账户并形成良好循环，以简单、透明的方式为个人投资者提供资产配置意见。另外，应借鉴海外经验，结合我国实际，丰富养老金产品类型，提高资产配置能力。

随着近年来科学技术不断发展，公募基金一方面从产品端发力，在降低费用的同时提高运行的透明度；另一方面与智能同步，借助人工智能对客户的行为和需求进行分析，提供更符合其投资理念、消费需求和自身特点的定制化专业服务。根据财税〔2018〕22 号文件规定，个人税收递延型商业养老保险试点结束后，将根据试点情况，结合养老保险第三支柱制度建设的有关情况，有序扩大参与的金融机构和产品范围，将公募基金等产品纳入个人商业养老账户投资范围。由此可见，在我国未来的第三支柱养老金投资管理中，公募基金行业大有可为。

6.3.5 统一资产管理机构监管体系，推动投资管理市场化

中国养老市场受到国家政策扶持，发展速度迅猛，未来市场前景广阔，需要尽快统一资产管理机构监管体系，推动投资管理市场化。

首先，养老金市场应建立统一有序的监管机制、法规政策。目前我国的养老基金发展还处于初级阶段，尚未形成统一的监管体系，虽然多头监管能起到多重保障的作用，但也一定程度上致使规则缺乏同步性，伴生诸多问题。我国应积极学习借鉴国外的管理经验，形成统一透明的监管体系，具体应为：明确养老基金监管机构，统一行业监管规则，打破分业监管局面；建立统一的养老基金管理标准，随市场发展逐步拓宽投资范围并完善信息披露。此外，在经济金融全球化背景下，各国的养老基金也会走向全球化。各国应根据国内实际情况制定统一的监管准则与合理的监管要求，对于影响国际金融稳定的海外投资等，应当建立全球统一的认定标准与监管原则。

其次，投资管理人选择机制应实现市场化，可以向保险资金的委受托模式看齐。目前中国养老金与国外成熟市场相比，尚处于发展的初级阶段，养老金委受托的选聘机制仍在探索的过程中。从海外的领先实践看，市场化的选聘机制对养老金的管理裨益良多，通过引入市场上更多优秀的养老资产管理机构，促使托管理机构提供更加多元化的产品，降低大类品种以及投资策略的相关性，有效规避因投资策略变动导致投资边际效益降低的现象。此外，市场化的选聘机制也是块“试金石”，能为中国养老金市场储备更多优秀的资产管理机构。选择满足养老金投资

管理要求的养老资产管理机构，使其差异化的投资与现有的养老金持牌机构形成互补，为养老金市场贡献自己的专业价值。

6.3.6 完善税收征管，落实政策实施

个人养老金账户制度的顺利推进离不开税收征管的配合。账户的运作过程和税收优惠政策的贯彻实施都需要税收征管提供保障，因此需要尽快完善税收征管制度，推动政策制定和落地实施。

在分步推进个人养老金账户制度及相关税收政策的过程中，我国应借鉴国际征管经验，根据自身实际进一步完善税收征管体系，增强自身税收征管能力，推进个人养老金账户的全面实施。纵观国际经验，第三支柱一般定义为政府提供税收激励政策引导、个人自愿参与的个人养老计划，制定和执行税收政策的财税部门在第三支柱基础制度框架设计中起主导作用，其政策导向可以决定覆盖人群并影响民众参与度。因此，我国个人养老金账户制度应由税务部门主管制定税收政策，进行征收管理，并由其负责与金融机构等部门进行协调合作，共同促进第三支柱的发展和完善。

税收征管工作主要涉及对账户信息唯一性的校验，账户资金运作即储蓄资金、投资运作、领取养老金的全过程，以及各阶段税款的缴纳和税收优惠政策的运用实施等。征管工作作为税务部门的一项重要职责，可以引入“互联网 +”理念，改进税收征管工作。在推进“互联网 + 税务”行动计划时，可重点结合“金税三期”工程建设，充分利用税务登记、征收稽查的大数据，开展参保、缴费、税费差异等分析比对，及时发现并堵塞征管漏洞。例如，个人领取养老金时的征收属地可能发生迁移，会出现免税地和收缴地不同的情况，面对这种情况，可以借鉴基本养老金的归集、转移经验，在缴费所在地缴费积累到一定年限后，领取时仍向缴费所在地缴税。

养老保险费征管离不开与社保部门的衔接配合，应畅通税务部门与社保部门的信息传递，打造无缝对接、运转高效的信息交换平台，加强部门合作，形成征管合力。要积极开展联合执法，提高参保率。通过开展联合宣传，扩大个人养老保险费相关政策遵从度。同时，还应加快研

发能够满足基本养老保险费政策宣传、在线咨询、智能申报缴费等功能的手机 App 软件及计算机终端软件，在方便纳税人的同时提高征管效率。

与个人养老金账户联系密切的综合与分类相结合的个人所得税，需要税务机关掌握纳税人的全部收入情况，其征管设计模式复杂且需要银行等其他机构的信息共享，这对征管提出了更高的要求。此外，我国目前尚未建立一套完整的个人所得税稽查体系，要实现个人所得税的现代化征管个人所得税稽查制度是不可或缺的。我国应当尽快成立一个由专业稽查人员组成的个人所得税稽查机构，在具体的稽查工作方面，采用现代化的高科技设施代替之前手工操作、人工操作的低效率、低准确率的稽查方式，可以学习借鉴一些西方国家的经验，比如建立全国性的计算机处理中心进行统一管理、监控、稽查。稽查内部工作可按照专业的不同分解为选案、审核、执行、诉讼等环节，并在每个环节配备对应的专业人士，有助于形成互相学习、互相监督、相互制约的机制。

统一的账户信息平台是落实税收征管的核心，税务部门可以通过账户信息平台查询纳税人的出账资金，确定纳税基数并按照相应税率予以扣除。当前信息化已成为提高工作效率和节约成本的重要手段，个人养老金账户的税收征管更是如此，在建设和完善部门间信息共享平台的同时，应当建立相应的税收协同管理制度，即第三方信息报告制度，帮助税务部门收集第三方信息。对于负有向税务机关报告相关纳税人信息义务的第三方（包括海关、工商、银行等部门），可以通过相关法律法规对其进行约束，对于不履约行为明确相应的处罚，从而有效避免信息掌握不足导致的偷逃税行为，提高税收部门的征管效率。例如，美国、英国等建立了非常完善的第三方信息报告制度，挽回了很多国家税收损失。

综上所述，我国个人养老金账户的相关税收政策应坚持政策设计立足国情、相关政策统一规范、各部门间相互配合、公平与效率相结合等基本原则。为保证个人养老金账户的相关制度及税收政策的落地实施，应加快税收征管等配套措施的出台。

6.3.7 建立第三支柱监管体系

为保障养老资金的安全，提升养老金体系可持续性，应当对第三支柱养老金的运转进行监管，确保第三支柱体系的平稳运行。

从国际上看，第三支柱的监督需要系统协作，联动推进。统一协调的监管机构及配套的监管政策措施是实现第三支柱良性发展的基本保障。第三支柱的监管机构涉及财税部门、人社部门、证监会、银行业、保监会、行业协会等金融监管机构。由于个人养老金账户功能的特殊性，为保证第三支柱建立进程的顺利推进，必须加强个人养老金账户的多部门监管，各部门应充分发挥各自的职能，保证个人养老金账户的整体运行。

我国财税部门应积极制定税收递延政策，并负责税收法规的执行以及对执行过程的监督，从计划的公平性和适合性等角度参与审查和管理，合理地制定和监管可享受税收优惠的门槛，保持制度的公允性；金融监管机构应对养老金包括产品审批、从业人员监管及信息披露等进行监管，对参与第三支柱机构的各种经营行为制定相应的标准，保证养老金产品的合理规范；人社部门负责规定养老产品的具体要求，统筹金融机构养老产品的登记备案。此外，为监督个人账户的唯一性和账户信息的真实性，防止个人运用制度漏洞进行偷税漏税，部门之间应积极进行信息共享和系统协作。

6.3.8 试点协同，动态统筹完善养老制度

养老金第三支柱的建设过程将伴随着养老金结构的动态调整。为减轻养老金第一支柱的沉重负担，在养老金第三支柱建立过程中，可以适当降低第一支柱的缴费比例。过渡期间，可以进一步完善第一支柱中的个人账户制度，提高统筹层次，提升第一支柱的财务可持续性。此外，进一步扩大第二支柱的参与率和覆盖面，动态平衡结构调整过程。未来还可逐步降低企业准入门槛，通过引入“自动加入”机制、放开个人投资选择权、建立“合格默认投资工具”等手段提高企业参加年金计

划的积极性，进一步扩大养老金投资范围，从养老金的长期性特征出发，优化资产配置组合，提高长期收益性和安全性。

政策试点是我国治理实践中特有的一种政策测试与创新机制。对于尚处于顶层设计阶段的第三支柱的个人养老金账户，可在试点中进行制度完善。2008 年，我国天津市滨海新区首次试点了个人税收递延型商业养老保险。由于税收优惠比例定得过高，且缺少相应的税务法律法规支持，最后以失败告终。自 2018 年 5 月 1 日起，在上海市、福建省（含厦门市）和苏州工业园区实施个人税收递延型商业养老保险试点，个人税收递延型商业养老保险试点得以启动，为我国养老保障第三支柱的政策设计提供了可行思路。但考虑到个人养老金账户在我国是一种创新产品，在实施过程中需要做出妥当的部署，以保证试点工作的顺利开展，应主动解决试点过程中暴露的问题，为后期第三支柱个人养老金账户制度的完善做好准备。

6.3.9 舆论宣传与督导

无论是个人养老金账户的建立和落地，还是账户 EET 税收模式的实施，都需要严格的监管的配合，包括对三个阶段的监管、对账户管理人的监管以及对税收优惠政策实施情况的监管。部分媒体经常不负责任地报道社保费用过高，但未认识到其根本原因是第二支柱和第三支柱缺位导致替代率偏低，使第一支柱比例升高。因此，在改革完善三支柱养老金制度的同时，需要正确引导媒体进行科学的解读与报道，把握好媒体的舆论导向，向广大民众普及我国养老制度改革的现实情况。

养老问题关乎国计民生，个人养老金账户的建立也是一个渐进式的过程。我们应该相信，随着人均工资水平和人均收入水平的进一步提高，以及个人所得税制改革的顺利转型和其他投资税收优惠政策的逐步出台，第三支柱的个人养老金账户的可操作性会不断提升，其优惠政策将得以准确落地。

参考文献

［1］王玲智、聂子潞、路城：“完善我国养老保障‘三支柱’”，《管理观察》2014 年第 7 期，第 166—167 页。

［2］王莉：“我国企业年金发展的思考”，《现代营销（学苑版）》2011 年第 5 期，第 155 页。

［3］刘佳昱：“大力发展企业年金，完善多层次的养老保险体系”，《企业科技与发展》2012 年第 20 期，第 42—43 页。

［4］王浪庆、吴德军：“美国养老金的会计处理及其对我国的启示”，《广西财政高等专科学校学报》2004 年第 4 期，第 88—89 页和第 96 页。

［5］陈昕：“美国社会保障制度对我国的启示”，《现代商贸工业》2011 年第 16 期，第 57—58 页。

［6］康晶：“美国私人养老金制度对中国的启示”，武汉科技大学，2010 年。

［7］李晓晟：“基于税收优惠的个人年金养老保险模式选择”，《财会月刊》2012 年第 2 期，第 34—35 页。

［8］李亚敏、王浩：“加拿大养老金制度的发展及其对中国的启示”，《财经科学》2011 年第 2 期，第 35—42 页。

［9］张众、王喆：“中国养老保障体系改革：现状、困境与突围”，《中国物价》2014 年第 8 期，第 72—75 页。

［10］林治芬、范荣欣：“中国养老保险改革：‘20 年回望与思考’”，《社会保障研究》2013 年第 4 期，第 3—8 页。

［11］彭冀：“企业年金在我国发展的现状及问题”，《商场现代化》2012 年第 22 期，第 53—54 页。

［12］汪衍礼：“中国养老保险个人账户管理与国际借鉴”，暨南大学，2009 年。

[13] 郭玲："构建农村多层次养老保障体系研究"，《中国集体经济》2013 年第 10 期，第 4—5 页。

[14] 裴毅菲："社会保障制度的历史变迁"，《科教导刊（中旬刊）》2011 年第 11 期，第 184—185 页。

[15] 陆晓明："美国银行业的养老金业务"，《银行家》2013 年第 12 期，第 88—91 页。

[16] 苏生："中国企业年金税收优惠制度研究"，辽宁大学，2008 年。

[17] 邱朝霞："中国证券投资基金投资行为研究"，郑州大学，2007 年。

[18] 杜莉："我国税收法律制度改革思路初探"，《财政监督》2011 年第 33 期，第 62—63 页。

[19] 李雪、郑大春："个人所得税综合征收信息模型的研究"，《电子政务》2013 年第 9 期，第 79—83 页。

[20] 郭永斌："中国养老保险隐性债务的可持续性研究"，《南方金融》2012 年第 11 期，第 70—76 页。

[21] 孔利强："个税递延型养老保险刍议"，《上海保险》2011 年第 5 期，第 8—9 页和第 62 页。

[22] 江玉荣："我国企业年金税收优惠制度的适用与完善"，《法学杂志》2013 年第 8 期，第 121—128 页。

[23] 蔡怡："美国雇主养老金风险管理机制及其对我国的启示"，武汉科技大学，2010 年。

[24] 赵雨田："我国个人储蓄型养老保险税收优惠政策探讨"，西南财经大学，2010 年。

[25] 胡舒："智利养老保险模式探析"，武汉科技大学，2008 年。

[26] 中国保监会：《养老保险国别研究及对中国的启示》，中国财政经济出版社 2017 年版。

[27] 胡秋明："走向可持续的养老金制度——以国际经验的视角所作研究与分析"，《中国社会保障》2011 年第 10 期，第 28—30 页。

[28] 王蔚、王一舒："构建多层次养老社保税收政策体系"，《中国经济报告》2014 年第 12 期，第 49—51 页。

[29] 周建再、胡炳志、代宝珍："我国商业养老保险个税递延研究——以江苏省为例"，《保险研究》2012 年第 11 期，第 3—12 页。

[30] 王莹："个税递延型养老保险——基于税收优惠的思考"，《中南财经政法大学学报》2010 年第 1 期，第 73—77 页。

[31] 余桔云：《养老保险：理论与政策》，复旦大学出版社 2015 年版。

[32] 王成："中国养老金缺口的成因、风险及对策研究"，《财经理论研究》2015 年第 2 期，第 75—82 页。

[33] 郑功成："中国养老保险制度的风险在哪里"，《中国金融》2010 年第 17 期，第 40—41 页。

[34] 李丹丹、李超："加快构建第三支柱养老金体系"，《上海证券报》2016 年第 4 期，第 1 页。

[35] 赵青："智利养老金制度再改革：制度内容与效果评价"，《拉丁美洲研究》2014 年第 3 期，第 62—68 页。

[36] 翁小丹、李铭、余海微："国外商业养老保险税收制度比较"，《上海金融》2009 年第 8 期，第 61—64 页。

[37] 周志凯：《养老金个人账户制度研究》，人民出版社 2009 年版。

[38] 赵璠玙："住房反向抵押养老保险的交叉风险分析——以'幸福房来宝'产品为例"，《经贸实践》2018 年第 5 期，第 40—41 页。

[39] 耿云天："我国以房养老模式困境分析及对策研究"，《中国集体经济》2018 年第 25 期，第 154—155 页。

[40] Holden Sarah, Daniel Schrass. The Role of IRAs in US Households' Saving for Retirement, 2016. ICI Research Perspective, 2017.

[41] Alicia H. Munnell, Annika Sunden, Elizabeth Lidstone. How Important Are Private Pensions? Issue Brief 2002 - 2008. Boston: Center for Retirement Research at Boston College, 2009.

[42] Felix Dominguez - Barrero, Julio Lopez - Laborda. Why do people invest in personal pension plans?, Applied Economics, vol39, 2007, p. 9.

[43] Clara Busana Banterle. Incentives to Contributing to Supplementary Pension Funds: Going Beyond Tax Incentives, Geneva Papers, vol. 27, p. 555.

[44] Wills Towers Watson: Global Pension Assets Study 2017.

[45] Benartizi. Sand R. Thaler: How Much Is Investor Autonomy Worth? Journal of Finance, 2002, Vol. 57 (4), p. 1593 - 1616.

[46] Lusardi. A. Saving and The Effectiveness of Financial education, Pension Design and Strcture: New Lessons from Behavioral Finance. Oxford University Press . 2004: 157 - 184.

[47] Rainmaker Information (2009) . 2009 Rainmaker Fee Review. Marchquarter, 2009.